自ら考え
みんなで
創り上げる

新しい時代の
授業づくりと授業研究

算数学習

池野 正晴 著

東洋館出版社

まえがき

　高度情報化社会において，社会を取り巻く情報量は莫大なものである。また，社会の変化も激しく，知識の陳腐化も早まる傾向にある。
　このようななかで，教育・学習は学校教育のなかだけで完結することはますます不可能な時代になってきている。学校教育は，生涯学習社会体系のなかに位置づけられ，我々は日々学習の場のなかにある。
　学校教育で知識を網羅的に扱うことや知識・学説を固定的にとらえることは不可能なことである。
　にもかかわらず，学校教育は依然として受験体制，受験至上主義のなかにあり，それらは画一的で暗記中心の教育を促進させている。
　一斉指導において，画一的で詰め込み的な指導を通して，単に形式的，表面的に分かったというだけでは，たとえ内容はすばらしくても，真に生きて働くものとはなりえないのである。

　21世紀において大切にされなければならないのは，生きて働く知識・理解・技能や考え方の獲得とそれらを生み出す力の獲得である。
　両方を実現する方途としてのキーポイントは，それらの獲得のさせ方にある。授業で扱われたものが生きて働くものとなるためには，一人ひとりが自分自身の力でそれらの概念や法則を見出す過程に参画し，そのなかで獲得されたものでなければならない。単に教え込まれるものでは，真に身につくものとはなりえないのである。また，そのような知識・理解・技能や考え方を生み出す力も，このような過程を通して身につくものである。

知識受容・習得型の学習から知識獲得型の学習への転換である。

このことを可能にする授業過程として，私は，自ら考えみんなで創り上げる算数学習を構想した。

自ら考え，みんなで創り上げる算数学習とは，子ども自らが問題意識をもって主体的に問題にとりくみ，一人ひとりが互いに考えを出し合い理解し合い，みんなで高め合うなかで創り上げられていく学習である。

この意味で，教室は間違う場，考える場であり，授業は，みんなで考え，創り上げていくものである。

算数科では，特に日常の事象を数理的にとらえ，筋道を立てて考えるなかで学習が創り上げられるという過程が重視されなければならない。そうしてこそ，将来に生きて働く，数学眼ともいうべき数学的な見方・考え方が身につくのである。

子どもに学習にとりくむ必然性を呼び起こすためには，解決の見通しだけでなく，その成果への見通し（学習の位置づけ）にも目を向けさせることである。このようにして自ら問いに目覚めた子どもは，学習に主体的にとりくむこととなり，自分なりに考える場を必要とする。ここでは，多様な考えや自主的・主体的な考えが生み出されることとなり，考える楽しさもこのような経験を通して味わうことができるものと考える。ここに出された多様な考えは，より簡潔で，より明確で，より統合化されたものへの追究を迫り，そして，さらには，そこで得られた成果の適用可能性（有効範囲と限界）にまで目を向けることにより，次への追究意欲が新たに生じてくるのである。

子どもたちはそれぞれに自分の考えを出し合い，かかわり合うことによって，それらをより確かな，より価値の高い考えへとまとめ上げることができるのである。かかわり合いによって，学習がよりよく理解されると同時に，相互に支え合い，認め合って，共に生きるという感情をも育んでいくこととなる。

本書では，このような自ら考えみんなで創り上げる算数学習の具体について，第Ⅰ部ではその構え・内実について，第Ⅱ部では実際の授業づくりについて，また，第Ⅲ部では授業を見る眼を鍛える授業研究・授業分析のあり方について述べた。

　なお，本書を書くにあたって多くの方々にたいへんお世話になった。特に古藤怜氏，羽二生恵太郎氏をはじめ近藤恒夫氏，本宮テイ氏，阿部一之氏，加納正紘氏，およびASG（Arithmetic Study Group：新潟算数教育研究会）の研究仲間には，これまでの私の構想についてさまざまな場で検討していただき，貴重な示唆をいただくことができた。この場を借りて，感謝の意を表したい。

　また，本書の刊行に際しては，東洋館出版社の市川敦美氏に暖かいご助言と激励をいただいた。あらためて，心から感謝申し上げる次第である。

　なお，筆者が勤務する高崎経済大学より出版助成を受けた。ここに，その恩恵に浴したことを感謝を込めて記す。

2000年早春

〔改訂版刊行にあたって〕
　この度の増刷にあたり，初版で見られた校正ミスの部分を訂正するとともに，私の研究のすすみゆきに合わせて，第Ⅰ部第5章の内容を少し整理・加筆（多様性の類型化を6つに整理）し，改訂版としました。
2013年9月

〔増補版刊行にあたって〕
　この度，第Ⅰ部第2章（問題の生成過程におけるギャップ・ジャンプの感得を図る工夫を7つに分類・整理）と第5章（多様性の類型化の試みを7つに分類し，二次元表として整理）を改訂し，第Ⅱ部第9章と第Ⅲ部第4章を追加しました。
2023年早春

　　　　　　　　　　　　　　　　　　　　　　　　　　　池野　正晴

自ら考えみんなで創り上げる算数学習
───新しい時代の授業づくりと授業研究───

目　次

まえがき………………………………………………………………………… 1

第Ⅰ部　自ら考えみんなで創り上げる算数学習の構想

第1章　自ら考えみんなで創り上げる算数学習への転換 ……13
　1　自ら考えみんなで創り上げる算数学習のイメージ……………13
　2　一つの追究問題に対する基本的な学習展開のイメージ………14

第2章　問題の生成過程における問いへの気づかせ方 ……17
　1　「問いへの気づかせ方」の問題 ……………………………………17
　2　主体的・協働的に問題解決をする授業づくりとは……………20
　3　問題意識の醸成と主体的なとりくみ……………………………21
　4　ギャップ・ジャンプの感得・分析と問題意識の醸成…………21
　5　数学的活動の構造と数学的な見方・考え方……………………23
　6　導入課題から追究問題および具体問の設定へ…………………24
　7　ギャップ・ジャンプの感得を図る工夫…………………………25
　8　既習・未習の混合提示からのタイプ……………………………28
　9　既習レベルから創り上げるタイプ………………………………30
　10　既習事項の整理からの導入………………………………………32

第3章　見通しづけと自力解決の段階の組み方 ………37
　1　見通しづけの段階の組み方………………………………………37
　2　自力解決の場の保障………………………………………………40

第4章　発表・検討段階の組み方……43
1　どんな考えでも認める……43
2　多様な考えを大切にする……44
3　有効性よりも考えの構想（筋道）を生かす……47
4　反応の予想・みとり一覧表の作成・活用……48
5　低学年における個々人の考えの発表・理解の手順化……51
6　練り合い・練り上げにおける視点……53

第5章　考えの多様性とその生かし方・まとめ方……55
1　多様性の類型化の試み－7つのタイプ－……55
2　独立的な多様性……58
3　序列化可能な多様性……62
4　統合化可能な多様性……64
5　構造化可能な多様性……66
6　個別的な多様性……69
7　統合化・概念化可能な多様性……71
8　構造化・概念化可能な多様性……71
9　構想段階の型と実際の授業づくり……71
10　複数のパターンでまとめる指導例……74

第6章　練り合い・練り上げ指導の改善
　　　　　──4つのステップ化──……78
1　練り合い・練り上げ指導の問題と課題……78
2　解法の多様性の原理……80
3　妥当性・関連性・有効性・自己選択性の原理……80
4　練り合い・練り上げ指導過程の改善……85

第7章　コミュニケーション活動への支援のあり方……87
　1　コミュニケーション活動への着目……………………………87
　2　大切にしたい4つのコミュニケーション活動………………89
　3　大切にしていきたい子どもたちの言葉………………………91
　4　コミュニケーションと7つの型………………………………93

第8章　まとめ・振り返りの段階における工夫………95
　1　「発見」のまとめ方……………………………………………95
　2　意識の連続的な展開を図るための工夫………………………95
　3　自己評価活動と自己評価能力…………………………………97

第9章　考える力をつけるノートの指導……………101
　1　3種類のノート…………………………………………………101
　2　「考え方」ノートの使い方……………………………………101

第10章　「自ら学ぶ力」が育つ追究のさせ方………106
　1　「自ら学ぶ力」とは……………………………………………106
　2　どのような「思考の方法」か…………………………………107
　3　どのような「実践的な態度」か………………………………108
　4　授業でどのような追究をさせるか……………………………109
　5　意識的な蓄積をどのように図るか……………………………113

第Ⅱ部　自ら考え
　　　　 みんなで創り上げる算数学習の授業づくり

第1章　「かけ算の意味」（2年）の授業づくり………117
　1　教材の開発とは…………………………………………………117
　2　倍概念か同数累加か……………………………………………119

3　テープの枚数は？……………………………………………………123

第2章　「2数の差として見る」(1年)の授業づくり…129
　　　1　「差として見させる」指導はあったか…………………………129
　　　2　モデル図の構想 ………………………………………………133
　　　3　「5を2数の差として見る」授業………………………………134
　　　4　指導計画の修正——Z型から逆N型へ——…………………142

第3章　「繰り下がりのあるひき算」(1年)の授業づくり…144
　　　1　教科書比較と先行研究の分析からのスタート ………………144
　　　2　新しい計算としての自覚をどう図るか ………………………144
　　　3　減々法と減加法をどう扱うか …………………………………149
　　　4　36種の計算式の分析 …………………………………………154
　　　5　指導計画の作成 …………………………………………………155
　　　6　最初の授業をどう構想したか …………………………………156
　　　7　授業の実際 ………………………………………………………159

第4章　「九九表の不思議・秘密」(2年)の授業づくり…163
　　　1　単元をこう構成する ……………………………………………163
　　　2　多様な見方を促すための工夫 …………………………………164
　　　3　色分けの活動を組み込んだ九九表の見方の授業 ……………164
　　　4　九九がつくる図形の美しさを実感させる授業 ………………172

第5章　「どんな発言」がとびだせばよいか…………………176
　　　1　解法の検討とは …………………………………………………176
　　　2　多面的な検討の仕方が現れる …………………………………177
　　　3　自分の解法を見直す ……………………………………………182
　　　4　友達の解法を生かそうとする …………………………………184

5　未完の解法を疑問として出す ………………………………………185

第6章　反応がにぶい時，授業をどう変えるか ………187
　　1　克服すべき反応のにぶい場面 ……………………………………187
　　2　克服するための14の方法——授業の作戦をこう変える—— ……187

第7章　学力の深化をめざす「ゆさぶり教材」………196
　　1　曖昧なとらえを打破する ……………………………………………196
　　2　新しい見方に気づかせる ……………………………………………202
　　3　よりよい考えにまとめる ……………………………………………207

第8章　逆転現象を仕組む授業づくり ………………211
　　1　大学生が1年生の問題に挑戦したら ……………………………211
　　2　逆転を仕かける手順 …………………………………………………214
　　3　「□□+□の計算」（2年）の授業で ………………………………217

第9章　「量」についての豊かな感覚をはぐくむ
　　　　　——7つの視点から—— ………………………………221
　　1　授業ではぐくむ「量」についての感覚 …………………………221
　　2　「量」についての豊かな感覚をはぐくむには ……………………223

第Ⅲ部　授業を見る眼を鍛える授業研究

第1章　仮説づくりとしての学習指導案
　　　　　——授業づくりの視点—— ………………………………231
　　1　学習指導案は何のために ……………………………………………231
　　2　キーとなる枠構造の明確化を ………………………………………232
　　3　教師の働きかけは具体的な言葉で …………………………………233
　　4　なぜこの働きかけなのか ……………………………………………234

5　子どもの反応は分類の思考で ……………………………………235
　　6　多様性への配慮 ……………………………………………………236

第2章　算数授業の見方フォーカス術
　　　　──授業分析の視点Ⅰ── ……………………………………238
　　1　授業仮説・授業者の主張は通るのか ……………………………238
　　2　問題点はどうクリアされているのか ……………………………242
　　3　子どもの視点・目線から見て不自然なところがないか ………245

第3章　指名・机間指導のどこを分析するか
　　　　──授業分析の視点Ⅱ── ……………………………………247
　　1　指名のどこを分析するか …………………………………………247
　　2　机間指導のどこを分析するか ……………………………………249
　　3　授業の技量・分析の技量を高めるために ………………………251

第4章　教科書比較の視点について考える ……………………253
　　1　何のための教材か──教科書比較を通して明確に── ………253
　　2　教科書活用における留意点 ………………………………………254

主な引用・参考文献 ………………………………………………………259
著者紹介 ……………………………………………………………………260

第Ⅰ部

自ら考え
みんなで創り上げる
算数学習の構想

The best way to learn mathematics is to do, and the worst way to teach mathematics is to talk.

(P. R. Halmos)

第1章／自ら考えみんなで創り上げる算数学習への転換

1　自ら考えみんなで創り上げる算数学習のイメージ

　学習とは，みんなで考え，創り上げていくものである。
　算数科では，特に日常の事象を数理的にとらえ，筋道を立てて考えていくなかで学習が創り上げられるという過程が重視されなければならないと考える。このような学習は，端的に言うならば，数学眼ともいうべき，将来に生きて働く数学的な見方・考え方を身につけ，鍛えようとするものである。
　したがって，単に「問題があるから解いて答えを出す」ということを性急に求めるものではない。
　子どもは，とかく，算数学習のイメージとして，「一つの具体的な問題について答えが出れば終わりである」，「答えや解き方はただ一通りしかない」といった考えをもちがちである。
　それは，求答重視の指導によるものと考える。その立場に立つ限りは，結果だけが唯一大切なものとされ，子どもは単に知識のみを断片的に教わろうとしたり，受け身的なとりくみになったりしがちである。これでは，基礎的な知識・技能を真に身につけるものとはなり得ない。
　算数科にあっては，数学的な見方・考え方を通して基礎的な知識・技能を生み出し，数学的な見方・考え方を育てるという視点から見て，「創り上げる」という意識とその意識に支えられた創造の過程を大切にしていかなければならないと考える。
　このような指導において，はじめて一人ひとりに数学的な見方・考え方を身につけ，基礎的な知識・技能の真の定着をもたらすことが可能となる。
　そのためには，追究する問題を自分たちで見いだし，その代表の問題をも

とに既習事項やこれまでの経験（既有経験）をフルに使えば多様に考えることができるのが算数であり，算数はみんなの知恵を，たとえ間違っていても，寄せ集めれば創り上げられるものであるという認識を持たせ，それに沿った活動ができるようにしなければならない。このことにより，自分なりの考えを持つことの意義も分かり，考え，発表することに喜びを感ずる子どもが育っていくのである。

その意味で，学習とは，「自ら考え，みんなで創り上げるもの」である。

「自ら考える」という行為は，自分の意識の中に，ある種のこだわりが生ずることによって促されるものである。そのこだわりは，算数科にあっては，既に子どもたちが獲得している数学的な見方・考え方や処理の仕方（既知）と新しい問題事態（未知・本時追究事項）との間に存在するギャップを感得させることから生ずる。そこに至ってはじめて子どもたちは，このギャップを埋めねばならないという強い必要（数学的な興味・関心）に迫られる。

このような問題意識の主体的な自覚は，子どもの思考を促し，結果として多様な考えを生み出すこととなる。考える楽しさもこのような経験を通して味わうことができるものと考える。多様な考えを理解し，承認するなかで，よりよいものへのまとめ上げの意識が生ずる。この検討を通して，「みんなでよりよい算数を創り上げる」ことが可能となるのである。

このような学習は，子ども自らが問題意識をもってとりくみ，一人ひとりが互いに考えを高め合い，みんなで練り上げ，まとめていく算数学習である。

2　一つの追究問題に対する基本的な学習展開のイメージ

一人ひとりに数学的な見方・考え方を身につけ，基礎的な知識・技能の真の定着をめざす算数科授業として，ちょうどよい授業のまとまりを想定し，学習の流れを教師側の視点から構想・表現すると，次のようになる。

授業のおよその流れを教師サイドの用語で言い表すならば，「関心・意欲」の喚起を通して子どもたちに課題の問題性に気づかせ，その解決に向けて

「数学的な見方・考え方」の発現を図ることにより「知識・理解」,「技能」を新たに産み出し,更に向上的な「関心・意欲・態度」へとつないでいく過程である。このような学習が今後の学習としてたいへん重要になってくるものと考える。

そこで,算数の学習過程をみんなで創り上げることのできるものとするためには,次の場が大切にされなければならないと考える。

---

① 問題を自分のものとして自覚する場
② 自分でとにかく考えてみる場(協働で考える場合も含む)
③ みんなの考えを聞き合い,理解する場
　(時には,考えの筋道を生かして補充・修正などをして完成し創り上げてやる場)
④ よりよいものや関連性・共通性に目をつけてみんなの考えを練り合い・練り上げ,まとめ上げる場
⑤ 問題の解決を振り返る場

これらの場が充実したものとなるように配慮していくことである。

これらをふまえ,一つの追究問題に対するちょうどよい学習のまとまりとして,次のような学習展開を構想することができる。

子どもの着想や考えを大事にし,子ども自らに算数を創り上げさせるために,一時間で終了するということにねらいを置いた学習過程というよりも,子どもの思考にとって適度な追究問題を設定し,それに合わせた展開を図っていくものとしての学習展開である。

したがって,これは,あくまでも一つの追究問題に対するちょうどまとまりとしてのものであり,必ずしも一時間内で終了するものではない。

これを基本としながらも,さまざまなバリエーションにも対応できるようにしておくが大切である。

学習過程	意　図	＊問題相	自ら考える	みんなで創り上げる	教師の働きかけ
① 問いへの気づき	○学習問題を自分の問題として認識する	(導入課題) ⇩ 追究問題 ⇩ 具体問	◎	◎ ・問題を創り上げる	・学習における欠落部分への気づきの促し ・追究問題自体の価値への気づきの促し
② 見通しづけ	○既習経験に基づき，解決の見通しや方法を自分なりに持つ		◎	(○)	・類似点・相違点の明確化 ・実際に一つの考えを出す（低学年） ・方法・構想
③ 自力解決	○自分なりの着想での自由な解決による「答え」の見つけ出しをする		◎ ・自分なりの考えを持つ		・評価とフィードバック ・操作活動・ワークシート ・考えのみとりとその類別化
④ 練り合い・練り上げ	○お互いの考えの筋を理解し合い，よりよいものや共通の考えをまとめ上げる．（比較・検討）	⇩ 解決・まとめ	◎ ・個々人の多様な考えの理解 ・多様な考えを討論で練り上げる	◎	・考えのからませ方 ・妥当性・関連性・有効性の検討 ・自己選択への促し
⑤ まとめ・ふり返り	○成果・発見として一般的な形でまとめ上げ，その適用可能性を問題にしようとする	⇩ 解決・まとめ	◎	◎ ・発見を創り上げる	・発見としてのまとめ上げ ・自己評価活動 ・次時以降へつなぐ問いの投げ返し

第2章／問題の生成過程における問いへの気づかせ方

1 「問いへの気づかせ方」の問題

　少し長くなるが，子どもの作文を引用する。6年生を担任した時のS子の学習作文である。

> 　（前略）四，五年のころは，教科書にずれることなくそって勉強してきたので分からない問題があると，考える前に，教科書をうらめしく思ったりしていました。それで，特別算数は好きではありませんでした。
> 　でも，六年になってからは，これが算数かと思うくらいずいぶんちがったやり方なので，びっくりしました。
> 　前のやり方は，分数×分数の勉強だとすると，まず，「この問題の式を書きなさい。それから，よく考えて，答えも出してみなさい」。その発表が終わると，悪い所をいい，教科書を読みながら，計算のやり方を教えてもらう。こんな感じでした。（中略）私にはつまらないやり方にしか思えませんでした。六年生になってからのやり方。私にとっては，最高に楽しいやり方だと思っています。
> 　まず，「分数×分数の計算問題はありえるのか？」から始まるのです。分数×分数という計算はあるのだろうか？それに関連させて問題をつくる。その次の時間までにその解き方を考えてくる。やってきた通りのことを三〜四人が黒板に出て書き，まちがいなどを，リレー方式でみんなで解決していく。先生なんて，いてもいなくても同じようなもの。
> 　みんなのやってきたものや，意見でいろいろなやり方を見つけ，公式も見つけていく。そして，分かったことは，みんなの発見☆号としてま

> とめる。それから，自分のまとめと反省（感想）を書く。だから，教科書はただの問題集。その時間にやったものを教科書の問題をして復習する。それだけ。
>
> 　リレー方式で，自分の意見を分かってもらおうとして発表し，人の意見を分かろうとして聞く。そして，その人のいいたいこと，考えていることを自分で読みとる。とっても楽しくていいことだと思います。
>
> 　自分の意見を言う。それに賛成する人が拍手をしてくれる。その時のうれしさは，たとえようがないくらい最高にいいものだと思います。
> （中略）
> 　こんな楽しい内容の算数ならむずかしい問題でもすぐ解けてしまうような気がします。

　この作文は，次のような指導のなかから生まれてきたものである。大雑把に述べてみる。

　6年生の「×分数，÷分数の計算」の学習である。

　ここでは，まず四則の想起から，二次元表を使いながら，加減法の習得完了状態（既習事項）を確認し，かけ算の計算に未習部分があることに気づかせていった。（pp.32－36を参照）

　発問・指示の流れは，次のようであった。
「今までに習った計算には，どんなものがあるだろうか。」
「それぞれどんな式が考えられるだろう。」
「できるものとできないものに分けてみよう。」
「どこから手をつけていくと，いちばん簡単だろうか。」
「□×$\frac{□}{□}$になる仲間をまだ見つけられるだろうか。」
「こんな計算式になる場面があり得るのか，実際の場面にあてはめてみよう。
　$4 \times \frac{2}{5}$で考えてみよう。」
「その問題で計算の仕方を考えよう。」

冒頭の作文は，この計算の単元に関わって述べているものであるが，ここから指導方法一般について，いくつかのことが明らかになってくる。

つまらない，分からない授業の問題点が見えてくるのである。

これまでの授業の問題点として，次のようなことが浮かび上がってくる。

---

① 文章題からの導入が多い。
② その問題についての立式をして，その答えのみを求めさせようとしている。
③ これまでの学習との違いを明確につかませる場がとり入れられていない。
④ 従って，文章題がとければ，子どもの問題意識は消滅しがちとなる。
（そこで解く文章題を持ってきた教師の意図が生かされない）
⑤ 学習は，教えてもらうものである。
⑥ 話し合いが，あまりなされていない。
⑦ 最後のまとめは，教科書を読むことである。

授業で文章題そのものの解き方をねらいとすることは，そう多くはない。文章題はあくまでも媒介としてのものであり，ねらいは，その文章題に含まれている計算一般についての意味や計算の仕方を理解させるところにある。

授業の最初に問題文を提示し，みんなで読んで意味を理解させ，立式をした後，ただそれだけを解かせようとするものを目にすることはしばしばである。よくある例である。

ただ文章題を解くだけでは，その文章題を解く意義や学習の上での位置づけがはっきりしない。その計算が計算一般を問題にするために解いているものなのか，単なる適用・応用のために解こうとしているのかが分からず，ただやらされているからしかたなくやっているというものになり，とりくみが主体的なものになりにくいのである。

このような指導は，子どもの方はただやらされるだけで，あとで種あかしというものにすぎない。

2 　主体的・協働的に問題解決をする授業づくりとは

　これからの学習指導でたいせつなことは，新しい時代を主体的に生き抜く総合的な力を育むため，「受動的な知識受容・習得型の学習」から「主体的・探究的な知識獲得型の学習」へと転換することである。

　知識獲得型の学習では，子ども自らが問題を発見し，主体的に問題にとりくみ，一人ひとりが互いに考えを出し合い，協力して高め合うなかで算数が創り上げられていく。

　子どもたちは，それぞれに自分の考えを出し合い，共に練り合うことにより，より確かな，より価値の高い考えへとまとめ上げ，算数を創り上げることができる。そのように「主体的・協働的に問題解決する学習」が求められていると言える。

　これまでの指導では，一人ひとりにおける基礎的知識・技能の到達度の向上を追い求めるあまり，結局は目標つぶしの，伝達中心の誘導的授業に陥ってしまいがちであった。授業のなかで数学的な見方・考え方を高め，それを発現させていくなかで，基礎的・基本的事項を子どもと共に創り上げていくという指導がややもすると忘れられていた。

　算数指導の要は，一つひとつの問題の解き方を教え込むことにあるものでもなく，また定理を一つひとつ覚えさせることにあるものでもない。とかく教師は，教科書中心で，出来上がっている算数を教えることこそが指導であると考えられがちである。

　そもそも基礎的・基本的事項というものは，数学的な見方・考え方の発現を通して初めて児童によって主体的，協働的に構築され，納得のいくものとなるものである。更に，このようにして獲得された基礎的・基本的事項というものは，たとえ忘れたとしても，必要に応じて自分自身によって再構築す

ることも可能となるのである。

　また，数学的な見方・考え方も，単に教え込まれるものとしては身につくものではない。その見方・考え方が発揮され，しかも身につくものとなるのは，基礎的な知識・技能が創り上げられる過程において，その過程を通してである。

　この意味から，授業にあっては，子どもたちが一人ひとりが主体的に考え，協働的な視点により既有の知識と未知の知識とをつなぐ接点を求め続け，算数をみんなで創り上げる過程が重視されなければならない。

3　問題意識の醸成と主体的なとりくみ

　授業の成立のためには，まず導入において，子ども一人ひとりの心の中に学習に対する意欲を喚起し，問題意識を醸成することが，教師の重要な課題となってくる。

　問題意識の醸成とは，一人ひとりが自ら問題をつかみ，その問題に対して考えていこうとする意欲を引き出すことである。そのためには，単なる興味・関心の喚起だけでなく，更に，そこでの教材の価値（位置づけや必要性——数学的な興味・関心ともいうべきもの——）にも目覚めさせていかなければならない。教材の価値が分かるということは，自分たちの問題としての自覚ができるということであり，何のために学習するのかということが分かることである。

　この自覚こそが，大きく子どもたちをして主体的な学びの態度を育てていくことと考える。最後まで意欲を持って追究する原動力となるものである。

4　ギャップ・ジャンプの感得・分析と問題意識の醸成

　算数科の学習では，みんなの問いに気づかせ，主体的に問題解決に立ち向かう「数学的活動」にのめり込ませることが重要である。そして，その問題解決過程のなかで，「数学的な見方・考え方」を働かせ（発動させ），「新し

い算数」(発見)を協働的に創り上げることがこれからの算数学習で特に求められることである。この一連の過程が数学的活動である。

　数学的活動としては、これまでの考えを単純に適用するだけではとけない、「ギャップやジャンプのある問い」に気づかせることが、子どもたちの学習意欲(数学的興味・関心や知的好奇心)を引き出し、活動を主体的にするのである。

　ギャップとは、その既獲得事項と新しい問題事態との間にある分からなさや新しさとしての隔たりである。一般的に、同種の単元では、前の学年や前の単元との間に普通に見られるものである。

　ジャンプとは、意図的に、あえて少し抵抗感のある、チャレンジングな(高度な)問題事態に出会わすものである。

　どちらも、子どものなかに、問題意識を誘発するものである。

　問題解決的な数学的活動が成立するためには、子どもの心のなかに、ギャップやジャンプの意識を感じさせることである。

　何のために学習するのかという、真の自覚は、教師からの一方的な課題提示からは生じない。この自覚は、教師側から他律的に与えられたものとしてではなく、あくまでも子どもたち自身によって創り上げられるものでなければならない。追究の姿は、そこから生まれるのである。

　そのためには、既に子どもたちが獲得している発見・成果(既獲得事項、既学習事項)との関わりにおいて、子どもたち相互や教師と子どもたちとのコミュニケーションを通すなかで、その既獲得事項と新しい問題事態との間にあるギャップやジャンプの部分を感得させること及びその過程が重要である。みんなの問いは、子どもたちとのやりとりのなかで、既獲得事項から創り上げられてくる場合もある。

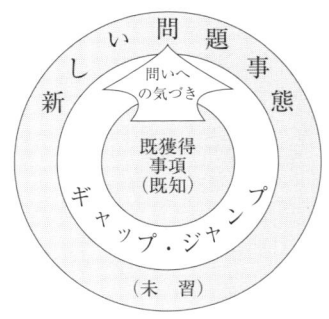

　このギャップやジャンプの部分を感得する

ことは，子どもたちは，そこでの学習の成果の数学的な位置づけのおおよそやその応用・発展への見通しに気づくことでもある。特に関連する，前の単元と新しい単元との間には明確なギャップやジャンプがあり，その導入にあっては，このギャップやジャンプの部分をはっきりと自覚させることがたいせつである。

　また，このことが，既獲得事項と新しい問題事態との間にある類似点や相違点に目を向けさせることとなり，「ギャップやジャンプの部分をうめたい」という，解決の必要感（成果の価値への見通し）だけでなく，さらに，「やればできそうだ」という，解決への見通し・糸口をももたせることを可能にするのである。このことを通して，数学的活動が立ち上がってくるのである。

〔数学的活動を生み出す問題意識の醸成〕

○　ギャップやジャンプの感得⇨ギャップやジャンプをうめたい
　　　　　　　（解決の必要性・成果の価値への見通しをもたせる）
○ギャップ・ジャンプの分析（類似点と相違点の解明）
　　　　　⇨やればできそうだ（解決の見通し・糸口をもたせる）

　これらの，成果と解決の，2つの見通しが相まって，初めて子どもたちの問題追究の意識が高められ，追究のエネルギーが大きく膨らむこととなる。主体的な追究・思考活動は，ここから始まる。

5　数学的活動の構造と数学的な見方・考え方

　このような学習づくりを実現するためには，授業づくりの構想段階において，次の「数学的活動の構造」を「授業仮説」として明確に捉えておく必要がある。数学的な見方・考え方も，数学的活動の枠組みのなかに位置づけて捉えることが算数を創る上で重要である。

> ① このような子どもに対して
> ② このような問題解決的な数学的活動を仕組み
>   （このような働きかけ・支援をすると）
> ③ このような数学的活動を通して
> ④ このような数学的な見方・考え方を誘発し（発現，発動，働かせ）
>   （このような学習が促され）
> ⑤ このようなことを生み出す・創り上げる
>   （「思考過程・解法」構想・発見型，あるいは「思考結果・解」構想・発見型等）
> ⑥ そして，このようにふり返り，次時へとつなげる

　④と⑤は，「教育内容」に直結するものであり，②・③の問題解決的な数学的活動を通して子どもたちに使わせたり，発見させたりしたいものである。

　④は数学的な見方・考え方であり，⑤は子どもたちに獲得させたい知識・理解や技能である。そして，⑥のふり返りへとつなぐのである。

　④や⑤を生み出すために重要なものが，②の「教材・発問・活動等」を含む数学的活動である。これらは，教師と子ども，子どもと子どもの間を媒介するものであり，これらを通して授業が創りあげられてくるのである。

　そして，②の数学的活動は，⑥の，これまでのふり返りや①の子どもの実態を考慮に入れ，それにふさわしいものを開発していくことが求められる。

6　導入課題から追究問題および具体問の設定へ

　したがって，授業の導入にあっては，特に単元の導入におけるそれにあっては，日常的学力レヴェルでこなせる導入課題（導入題）からスタートして，それを解くなかで追究問題（追究題）に気づかせ，具体問で実際に考えてみて，検討していくやり方が，学習の意義をある程度見通させ意欲をもってと

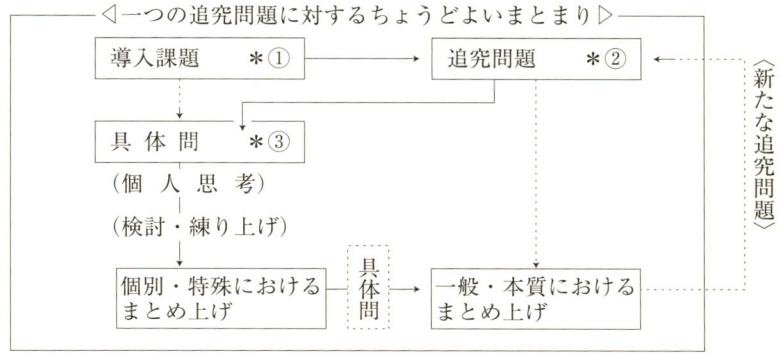

りくませる点から大切であり，効果的である。

　＊①導入課題（導入題）──既習事項からのスタートを図るもので，追究問題を導くための課題（未習の具体問を含む場合もある）

　　②追究問題（追究題）──本時のねらいに迫るための未習の追究事項

　　③具　体　問──────追究問題に迫るための具体的・典型的な問題

7　ギャップ・ジャンプの感得を図る工夫

　ギャップやジャンプの感得を図るために，導入指導において有効だと思われる問題提示の工夫として以下のような方法がある。

---

①　既習レヴェルからの導入
　〈既習事項や問題の練習・関連のなかから〉
　１）　既習・未習の混合提示・分類から未習の追究題へ
　　　［「既習・未習混合提示型」学習問題］
　２）　既習計算・問題から未習のものを創り上げることから
　　　［「既習改良型」学習問題］
②　既習事項の整理からの導入　［「既習事項整理型」学習問題］
　〈既習事項や既習計算の整理のなかから〉

③　意識の連続的な展開を図る導入［「連続的展開型」学習問題］
　〈前時の応用・発展として〉
④　操作・ゲーム活動からの導入［「操作・ゲーム型」学習問題］
　〈具体物の操作，遊び，ゲーム，パズル，実測，製作等から〉
⑤　チャレンジングな問題からのスタート［「ジャンプ型」学習問題］
　〈ほんの少し背伸びのある，チャレンジングな問題などから〉
⑥　その他の数学的活動からのスタート［「トピック型」学習問題］
　〈面白問題や投げ込み教材，トピック的な教材などから〉

　①の既習レヴェルからの導入とは，既習事項や問題の練習・関連のなかからスタートするものである。例えば，「数と計算」の領域では，日常的にこなせる計算（日常的な学力レヴェルでできる問題）からスタートし，「そこで使われる数値を拡張しても（数値の意味あいを拡げても）できるであろうか」を考えてみようとするように展開を図っていくことは，問題生成の過程を組む上で，重要かつ有効である。そこから，その式の存立の可能性を具体的事象（作問）に照らし合わせて考える。このことを通して，その式の求答の可能性をも探り，計算原理（方法）に目を向けていくようにする方が，単にいきなり文章題（文章題即導入は，ただやらされるという意識だけで，「何のためにするのか」の自覚に欠け，とりくみが主体的とはなりにくい）から入るより，特に下学年からの系統のはっきりしている中・高学年においては（しかも，抽象的な思考力もだんだんと高まっているこれらの学年では），より自然で，しかも本学習の意義もより明確に捉えられると考える。
　この①の方法には，次のようなタイプが考えられる。

1）　既習・未習の類似計算・問題の混合提示により，両者の比較・分類を通すなかで未習のものへの取り組みへと入っていくスタート
　（具体問としての追究のなかで，適切な数値のものを使わせたい場合

には，導入課題のなかに既に含めておくこともできるものである。）
2） 既習計算・問題から未習のもの（本時学習内容に直結するもの）を創り上げることからのスタート

②の方法は，前関連単元までに学習した事項（公式や計算の種類等）を特定の観点で洗い出し，整理や分類をすることからスタートするものである。このことにより，新単元の意義・位置づけも明確になり，そこからまだ未解決の分野・領域に気づき，その解明に向けて挑戦したり，それらを統合的に見たりしていこうとするようになる。

③の導入のしかたは，単元内で追究の意識を連続的につないで展開していく時に，特に重要になるものである。その都度の時間において，まとめ・振り返りの段階で追究問題に対するまとめを基に，その得られた成果の有効範囲や限界及び発展の可能性に気づかせたり，数値を拡張したり（例えば，けた数や小数，分数など），場面や形を変えたり（例えば，平行四辺形の求積から台形の求積への発展など）して考えてみようとさせたりすることがたいせつである。このことにより，子どもたちは，発展的な問い，すなわち，新たな追究問題へと目を向け，その意識・意欲を次時以降ないし家庭学習へとつないでいくことができると考える。

以上，①～③の場合，前後のつながりがはっきりしており，学習する意義の自覚を基に主体的に追究問題に取り組ませやすいものである。

④の具体物の操作や遊び，ゲーム，パズル，製作，実測等の算数的活動からのスタートは，子どもたちを特に生き生きとさせる。

特に，ゲーム教材やパズル教材の場合，繰り返して取り組むことができるものも多い。

1） ゲーム教材：何回でも繰り返して愉しめるものである。少しの時間を使って，隣同士の友だちと繰り返しやらせたいものもある。知ら

ず識らずのうちに，算数的な内容に親しんでいくものでもある。対戦型としての使い方のほかに，個人型として繰り返し使えるものもある。自分の，前の記録や設定された基準タイムなどと競わせることができるものや日によって結果が異なって出るものなども考えられる。
2）　パズル教材：アイディアや答えが出せるもので，解く過程を愉しむものである。友だちと競い合って解かせたり，いろいろな解き方を考えさせたりできるものもある。また，条件を変えたりして，さらに発展的に考えさせることもできる。何回も取り組ませることができるものもある。

⑤のチャレンジングな問題からのスタートでは，子どもたちの挑戦意欲をくすぐるものが考えられる。

チャレンジングな問題とは，例えば，小数点以下の桁数が異なる場合の，小数どうしの四則演算などがある。加減では，末尾をそろえる筆算ではなく，小数点をそろえて筆算することの意義が明確になる。また，乗除では，特に，乗法では右端（末尾）をそろえて計算することになる。除法でも，桁数が異なることにより，計算手順（アルゴリズム）の意味がより明確になる。この問題事態を解決することにより，単元の本質がより明確になると言える。

⑥の，その他の数学的活動からのスタートでは，面白問題からのスタートなどが考えられ，子どもが食いついてくる面白い問題（ゲームやパズルの場合もあり）を提示することにより，子どもたちの挑戦意欲をくすぐるものが考えられる。独立した単元での投げ込み教材やトピック的な教材の場合も考えられる。

次に，①と②のタイプの具体例について簡単に紹介しておく。

8　既習・未習の混合提示からのタイプ（混合提示型）

①の１）のタイプを，２年「たしざん（２）」で示すと，だいたい次のよ

うな流れになる。

―【導入課題】（フラッシュカードで1つずつ提示）――――――――
① 63 + 2　　② 42 + 6　　③ 25 + 34　　④ 25 + 3
⑤ 34 + 5　　⑥ 43 + 20　　⑦ 45 + 23

T　どうして，すぐに手があがったものと，少し時間がかかったものとがあったのだろう。

T　学習したものと学習してないものとに分けてみよう。(左右分類型)

T　では，反対側の学習した方のたし算は，どんな種類のたし算でしょう。

T　この両方は，どこがちがうのだろうか。
―【評価問題】――――――――――――――――――――――
T　では，こちらの□□ + □□の仲間に入る式をまだほかに作れるだろうか。［(何 + 何) + (何 + 何)］
―（指示）――――――――――――――――――――――――
T　4列，起立しなさい。自分が考えたのを順に発表して下さい。
―【追究問題】――――――――――――――――――――――
T　では，□□ + □□の計算の種類も，計算できるのか考えてみよう。
―【具体問】――――――――――――――――――――――――
T　③の25 + 34は，どうだろうか。この計算で考えてみよう。
　　ところで，25 + 34になるような実際の場面は，あるのだろうか。
―【追究問題】――――――――――――――――――――――
T　こんな場合，本当にあるね。では，この計算の仕方を考えよう。
　　さっき「59」といったけど，本当にそうなるだろうか。

9　既習レヴェルから創り上げるタイプ（既習改良型）

①の2）のタイプを，2年「繰り下がりのあるひき算の筆算」で示すと，次のようになる。

まず，次の導入課題を一つずつフラッシュカード（それぞれ九ツ切りの画用紙に記入）にして提示し，解かせる。

【発問1・導入課題】

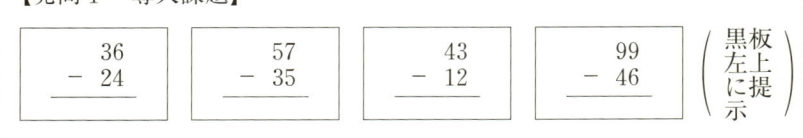

（黒板左上に提示）

子どもたちは，「前やったのだ。」，「簡単，簡単。」と言って，あっさりと解いていく。

【発問2】
　答えはどうやって出したのですか。

一の位は一の位でひき，十の位は十の位でひいたということに気づく。

【発問3】
　ここにあるのは，みんな（何十何）ひく（何十何）のひき算ですね。（何十何）ひく（何十何）のひき算は，今のように上から下がそれぞれパッパッとひけるものだけだろうか。

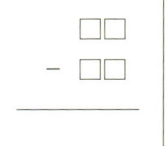

（中央に提示）

「もっと難しいの，できる。」，「作れる。」の反応。

【指示】
自分で見つけたのを，ノートに書いてみよう。

各自ノート記入3分。子どもたちは、意欲的に作り始める。

$$\begin{array}{r}77\\-69\\\hline\end{array} \quad \begin{array}{r}83\\-64\\\hline\end{array} \quad \begin{array}{r}90\\-38\\\hline\end{array} \quad \begin{array}{r}53\\-26\\\hline\end{array}$$ （黒板右上に提示）

──【発問4】──────────────
　初めのものよりも，今作った計算の方が難しいわけは何ですか。
────────────────────

「一の位が上からパッとひけない。」，「10をおろしてこないとダメだから。」の発言。

──【発問5】──────────────
　十の位からおろしてこないとダメな問題ですね。では，このほかにもこの仲間の問題が作れますか。
────────────────────

この発問による子どもたちの活動を通して，これから学習する問題をより明確にさせるとともに，教師の方で，子どもたちの問題の意識化の程度をみとることができる。

──【発問6・追究題】───────────
　では，これらの，位ごとに簡単にひけない，難しい計算も筆算でできるだろうか。10おろしてくる問題だったね。
────────────────────

──【指示・具体問】────────────
　では，この「53－26」で考えてみよう。
────────────────────

この具体問は，子どもたちの作ったもののなかから，具体的操作活動や絵図化のしやすいものという視点で，数のできるだけ小さいものにしたい。できれば，被減数50以下で減加法のしやすい数値のもの（例えば，42－28）を選んで提示したい。

以後，数え棒や模擬コインの具体物を自由に使っての個人思考（十分程度）へと突入させることができたものである。

10　既習事項の整理からの導入（既習事項整理型）

②の既習事項の整理からの導入の例を6年「×分数，÷分数の計算」で示すと，次のようになる。（pp. 17 – 18を参照）

― ＜新しい分からなさ＞ ―
○計算学習の欠落部分
　○　（整数）×・÷（分数）　　○　（分数）×・÷（小数）
　○　（小数）×・÷（分数）　　○　（分数）×・÷（分数）

― ＜導入課題＞ ―
これまでに学習した計算には，どんなものがあるだろうか。

　○整数，小数，分数の二次元表で四則の確認→かけ算・わり算での
　　欠落部分への気づき

― ＜追究問題＞ ―
○できないところ（？印）を早く○で埋めて行きたい。
○「小数は分数に直せるのだから，まず，整数×分数をやり，それ
　から，分数×分数を考えて行きたい。」

⇨ ○×$\frac{○}{○}$ タイプの式作り ⇨
⇨ ― ＜具体問＞ ―　　　― ＜補助追究問題＞ ―
　　　$4 \times \frac{2}{5}$　　　　こんな計算式になる場面があり得
　　　　　　　　　　　　るのか，実際の場面に当てはめて
　　　　　　　　　　　　みよう。（計算の意味）

（計算の意味⇨計算の仕方＜次時＞）

以上の構想のもとに,実際には次のように展開した。

> 【発問1・導入課題】
> これまでに学習した計算には,どんなものがあるだろうか。

当然,たし算・ひき算・かけ算・わり算の四則が出てくる。

次に,下の二次元表を使って,整数,小数,分数の計算で,すべてについて分かって,しかもできるものがたし算とひき算で,かけ算とわり算のなかにまだできないもの(欠落部分)があるということに気づく。

	整数	小数	分数
整数			
小数			
分数			

そして,かけ算から詳しく見ていくこととなる。

> 【発問2】
> それぞれどんな式が考えられるだろう。

この発問により,具体的な数値の入った式を思い出させ,それを書き込んでいく。

> 【発問3】
> できるものとできないものに分けてみよう。

次の一覧表ができあがった。

かけられる数＼かける数	整　数	小　数	分　数
整　数	わかる　○　できる	○ 5×1.2	4×$\frac{2}{5}$ ☆?
小　数	○	○ 1.5×2.6	1.2×$\frac{2}{3}$?
分　数	○ $\frac{2}{5}$×3	$\frac{2}{5}$×1.2 ?	$\frac{2}{3}$×$\frac{4}{5}$?

　それにより，できないところ（?）を早く○で埋めていきたいという意欲がそそられ，どれから手をつけていったらよいかということに目が向いていった。

┌**【発問4】**
│　どれから手をつけていくと，いちばん簡単だろうか。
└

C　小数は分数に直せるのだから，まず「整数×分数」をやり，それから「分数×分数」を考えていきたい。

　この意見にみんなが同調した。このことにより，これから学習することのめあてとこれまでの学習の流れの中での本時の位置づけ（意義）が明確になったのである。

┌**【発問5】**
│　□×$\frac{□}{□}$　こういう式になる仲間をまだ見つけられるだろうか。
└

　このタイプに当てはまる式を作らせることにより，学習の対象がより明確

になる。同時に，子どもたちの理解状況をみとることも可能となった。ほとんどの子どもたちが手を上げ，発表に意欲をもやした。

いくつか聞いた後で，次の発問を提示した。

【発問6】
こんな計算式になる場面があり得るのか実際の場面にあてはめてみよう。

その具体的な問題として，次の問題を提示した。

【発問7・具体問】
$4 \times \dfrac{2}{5}$ で考えてみよう。

「計算の意味」を問題にする場面である。いろいろな場面を思い描くことができた。分数部分を時間として捉えたものが特に多かった。その代表として，次の問題が選ばれ，発問8へとつなぐ。

＜代表の問題＞
1分間に4m進む模型の車は，$\dfrac{2}{5}$分間ではどれだけ進むか。

【発問8】
その問題で計算の仕方を考えよう。

二次元表で整理したところからの導入パターンの有効性について指摘している子どものレポートを紹介しておく。

【振り返りレポートより】
分数のかけ算・わり算の初めで，先ず，今までやってきたもの・まだできてないものを表に出してやってみたことが，よかったと思います。そうすると，目標みたいなものが出来て，一つできて消される度に（あと二つで全部できる！）と楽しみになるからです。(後略)

導入に使った二次元表（マトリックス）は，子どもたちにとって先を見通し，意欲を持って追究に励むのに大変有効であった。この二次元表は，その他の計算の箇所でも，同じく計画立てとして有効に使えるものである。

第3章／見通しづけと自力解決の段階の組み方

1 見通しづけの段階の組み方

（1）「見通しづけ」段階の意義

　問題の把握がなされた後，何の指導もなく，また，子どもの方も何の手掛りも得られないまま，自力解決へと放されてしまうこともよくあることである。把握の後，早くやりたそうなほんの一部の子どもの声などに促されて，即具体的な問題について考えさせようとするのである。

　この指導で，遅れる子どもが出ることはないのであろうか。

　このような進みゆきでは，どうしてもとりかかれない子どもが出てくるものである。遅れる子どもが出ないためには，どんな子どもでも自分なりの考えがもてるようにしなければならない。

　問題に吟味をかけ，どの子どももとりかかれるものにすることはもちろんのこと，自力解決に入る前の「見通しづけ」の段階を設けていくことも考慮されなければならない問題である。

　多くの子どもがとりかかれないでいる時は，教師も察知して，ここに立ち返ることはあるが，いくらかでも子どもたちがとりくんでいる時は，見過ごすことが多いところである。

（2）どのように組むか

　どんな子どもでも自分なりの考えをもてるようにするために，必要に応じて次のようなことをとり入れていくことが有効である。

・既習のものとの類似点・相違点を明らかにすることにより，どこを切り崩し，どこから攻めていけばよいのかの見通しを持つ。（特に単元

の導入において）
・自分なりの構想や方法を発表する。（中・高学年）
・実際に全体で一つの解を探す。具体的な操作活動でやってみる。（低・中学年）

私は，よく次のような指示を出す。

計画を手短に書き，実際に確かめてみなさい。

この指示は，追究問題の把握がなされた後，個人での自力解決へと入るそのつなぎのところで出されるものである。

算数科では，既習事項に基づいて筋道立てて考える力（数学的な考え方）を身につけさせることは，最重要課題である。

自力解決の場面では，具体的操作活動の重要性が叫ばれているが，ただ単に操作だけしさえすればいいとか，偶然にできるようになるまでくり返しいじくり回していればいいということとは別のことである。

次の指示と比べていただきたい。図形の仲間分けの場面を例に上げる。

① いろいろと動かして考えてみなさい。
② どう考えてやっていったらいいかを発表してもらいます。

①は単なる試行錯誤を促すにすぎないものであり，でたらめでもとにかくやってみればいいという考えに直結するものである。また，②のようにいきなり予想を全体から吸い上げようとすることは，他力本願的な考えに陥りやすい。これでは，自力で考えるという姿勢からはかけ離れたものとなる。

私は，もっと自力で考える力を大事にしていかなければならないと考える。算数科の目標は，ここにあるのである。

第３章／見通しづけと自力解決の段階の組み方 | 39

> ① でたらめの操作の試み⇨考える⇨全く別の操作の試み(try & error)
> ② 他人の予想を聞く⇨それを鵜呑みに操作で確かめ
> ③ ある程度の見通しを立てる⇨操作（確かめ）⇨修正した考え⇨操作（確かめ）・・・・(try & approach)

　自力で考えるという点から望ましいのは，③の場合である。①は単なる試行錯誤の場合，②は他の人に頼りきって自分の思考が働かない場合である。

　自力で考える力を大切にするということから，③の「試行接近」(try & approach）的な思考を生み出す指示を考えていかねばならない。

　こうやって出された個々の考えは，集団思考の場で有意義なものとして提出され，検討されていくこととなる。

　また，ワークシート・記録用紙の工夫により，自分なりに予想を立てて，確かめては，修正し，確かめていくというような試行接近的な進みゆきも大切にしたいところである。

線対称の見方に気づかせるワークシート

チャレンジ	★追究問題：別々に分けられたこれらの図形も，どうみたら同じ仲間としてみられるだろうか。	名前		
		予想	目のつけどころ	確かめ
8		1		大成功 失敗
7		2		大成功 失敗
3	4	3		大成功 失敗
2	6	4		大成功 失敗

（※pp.202－207を参照）

2　自力解決の場の保障

（1）　既習事項の想起と操作活動

　極端な例だが，新卒のある教師の教室で実際にあった例である。

　平行四辺形の面積の学習で，平行四辺形の面積を求める公式を教科書と口を使って，「平行四辺形の面積は（底辺）×（高さ）で求められる。高さは，ここの長さのことで・・・。いいか，よく覚えておくんだぞ。」と教え，その後の残り時間は，もっぱら平行四辺形の面積を求める練習問題を解くことにあてたということである。講義形式の応用であり，単なる公式の当てはめの練習である。

　しかし，この付け焼き刃的な指導でも，その直後にあっては練習問題でかなりの点がとれるので，指導上陥りやすい点である。

　自分なりに苦しみ，考えぬく経験や等積変形のための十分な操作活動の経験を通さなければ，真の納得にはいたらない。真の納得を得られない知識・理解では，崩れるのも早いのである。この点を見逃してはならない。

　このような過程は，「自力解決の場」である。この場を充実した場として保障することが重要である。

　「自力解決の場」を充実した場として保障するということは，量的な面としてその時間を十分に与えることはもちろんのことであるが，その時間が一人ひとりにとって真に考える場にならなければならない。

　さらに，この「自由に考えさせる」という自力解決の場を保障するということは，次の3つのことのためにも重要な意味を持っていると考える。

① 　教師の予想が適切であったかどうか，また，問題の把握が適切になされているかどうかの評価（みとり）の場になる。
② 　この時間を設定することにより，（与えられた）問題が，考えているうちに，子どもたち自身の問題になってくる。

> ③ 個々の子どもがどのような考えを展開しているのかをみとる場になる。（次の「発表・検討」の場に生かす）

①に関しては，全体に問題把握が適切になされてないと判断した場合には，全体への投げ返し（フィードバック）を考えていかなければならない。とりかかれないでいる子どもが少数の場合には，その後の個別指導が大切なところである。可能なかぎり，個別指導やグループ別指導を試みる場面である。

算数科でねらう数学的な考え方や考える力を伸ばすためには，自力解決の場において，考えること，及び考えの拠所をいかに持たせるかということが重要である。考えること，及び考えの拠所として大切にされねばならないことは，次の2つである。

① 操作活動
② 既習事項の想起

後者に関しては，既習内容に関連づけて課題を構成し，問題意識の主体的醸成という点から，特に既述の「問題の生成過程における問いへの気づかせ方」（追究問題の主体的醸成）との関連で考えていかなければならない。

前者の操作活動とは，直接的（実験的）なものであれ，「児童一人ひとりの頭の中で思考操作が可能となる活動」である。特に直接的，具体的な操作活動は，小学生の発達特性からして欠くことのできないものである。

したがって，求めようとする数学的な考え方に即して適切な操作活動を組織していかなければならないと考える。

しかしながら，それが操作のための操作となり，ねらいとは大きくずれてくる場合もあるので，操作活動を導入する際には，次の点に留意する作業過程が大切である。

> ① ねらいの明確化
> ② 数学的な考え方を生み出すことに働く操作活動の考察

> ③　ねらい達成により有効で，誰もが自分なりの考えの拠所を持つことができる方策の検討

　このような操作・作業活動の工夫の他，自力解決の段階においては，助言やヒントカード等による個別指導の工夫も考えられなければならない。

　また，その子が欲している教具・資料の提示と同時に，十分にとりくめる時間をも保障してやらなければならない。

　さらに，操作・作業活動の思考の場合，それが残るように台紙や作業・記録用紙（ワークシート）の工夫をも考えていかなければならない。

（2）　操作活動におけるルールの確立

　算数科授業にあっては，特に低学年では，思考の助けとしての具体物の操作活動が多くの場面でとり入れられてくる。混乱は，こんななかから起きやすい。

　指示の前にいじくり回したり，指示の不徹底のために遊び出したり，はたまた，終了が徹底しないための継続操作がみられたりで混乱することはよくあるものである。

　たとえば，色板や色棒で自由に形を作ることは，絵を描いたり，粘土で形を作るのと同様，非常に意欲的にとりくむ活動の一つである。しかし，意欲的であるが故に，作業後に全体での発表・話し合いの場に入ろうとすると，何人かの子どものなかに，自分の未完了の作業を継続しようとしていじくり回している姿が見られるものである。

　発表を聞く態度以前に，操作活動を止めることを徹底させるようにしなければならない。操作活動の際のルールである。区切り目には，手を休める習慣を徹底して身につけるようにしなければならない。「チャンネル切り替え」などの言葉が有効である。また，具体物を机の中にしまわせたり，全員立たせたりする方法を適宜使いながら，身につけさせていきたいものである。

第4章／発表・検討段階の組み方

1　どんな考えでも認める

　発表の段階では，考えの完成したものばかりが出されるわけではない。その扱い方は，二様に分かれる。

　一つは，つまずきのものが発表されると，反対の子どもがすぐに手をあげ，その点について指摘してくれる。次にまた，それとは違う，沢山の考えをどんどんと発表させ，繰り返していく。

　もう一つは，つまずいた考えが発表される。その考えの不備や疑問が提示される。その後，考えの筋道としては同じ考えの人たちを中心として，その考えを修正してやる。

　どちらの方が，個人の考えを生かす上からも，考え方をよりよく理解させる上からも望ましいかは，明白である。

　みんなの考えが大事にされ，その考えの筋道を生かしていこうとするものは，後者の方である。そこから，どんな考えでもみんなの学習にとってはたいせつなものであり，自分の考えを進んで発表していこうという雰囲気が醸成されるのである。

　教師の力量が真にためされるのは，この段階の扱いであるといっても過言ではない。

　学習の成立のためには，どんな考えでも一人ひとりが全体の場に出すことができなければならない。

　教師のできることは，まずどんな考えでも認めてやることである。

　ややもすると，教師は，指導上自分の都合のいい考えにだけ飛びつき，他は軽く流したり，全く取り扱わなかったりしがちなものである。しかし，こ

れでは，発表に参画していない子どもたちの意欲は減退してしまうのである。また，自分の考えを遠慮なく自由に発表し合う雰囲気は生まれてこない。

発表の不得意な子どもでも，その子どもの考えの意図を汲み取り，教師が付け足したりまとめたりして発表できるようにしてやることが大切である。

たとえ誤っていたとしても，一つの貴重な考えとして大事に扱うようにしてやりたい。また，どうにか直してできるものについては，みんなの知恵を結集してよりよいものに創り上げるようにしたい。

一つの着想に従って考えを進める上での単なるケアレスミスについては，その場で即訂正するものとし，筋道の方を大切にしてやるようにする。単純なケアレスミスについては，できる限り事前の個別指導（机間指導）の際に処理しておく（指摘したり，再考を促す）ようにする。

考え方の筋としての誤りは，決して誤りとして否定することなく，「よい間違い」として大いにほめるようにしたいものである。つまずきは，本来子どもの思考にとって起こりやすいものなのである。その時間における発見・まとめと結びつけながら，その考えが果たした役割（他の考えを誘発したり，他の考えの正当性を側面から証拠立てたりして役立った等）を認め，そのおかげで学習の発見が可能となったことを大いに強調してやることが大切であると考える。

実際，つまずかせないでそつなく流される学習とは，その学習の深まりにおいて雲泥の差がみられるのである。多様な考えを生み出し，つまずきをもみんなのものとして生かす学習が日常化されることが，教師に課せられた課題であると考える。

このような配慮により，他人の間違いについても笑わないで大切にしていこうという学習の規律が確立されてくるのである。

2　多様な考えを大切にする

個人思考の段階で，自分なりの考えが少なくとももてるようにしてやるこ

とが実現するならば，多様な考えは必然的に生じてくる。これらの多様な考えをうまく生かすことが，次の課題になってくる。

授業で多様な考えを積極的にとり上げていく方向には，次のような意義があると考える。

① ベースの異なる一人ひとりを生かし，解ける喜びを感得させることができる。

算数の問題の場合，一般には解き方は多様にある。特に，新しいタイプの問題に出会ったとき，一様に同じ解き方で解いてくることは稀である。一人ひとりのベースは，異なっており，そのような個人差によって導き出されてくる考えも異なっているのが普通である。個を生かす上からも大事にされなければならないことである。「個性を生かす教育」，「個性重視の原則」は，新学習指導要領の改定に当たって，特に強調されてきている点でもあり，その方向と軌を一にするものである。

また，一人ひとりの様々な考えを認めることは，一人ひとりの解ける喜びを保障することにもなる。

② 自分の考えとは異なる，多様な考えに耳を傾ける活動のなかで，自分とは異なる思考パターンに目を開かせ，より広い視野に立たせたり，より創造的な思考の経験を得させたりすることができる。

創造的な思考や自分とは異なる発想の仕方，より柔軟なものの見方・考え方は，このような学習経験から生まれるのである。

③ それぞれの考えが他の考えの妥当性を（側面的にではあるが）裏付けるものとして機能する。

異なる方法にもかかわらず結果が同じになることから，他の考えや自分の考えの妥当性を確信することができる。また，少なくとも二通りの異なる方法によって結果を得ようとする態度は，自分の判断に対してより責任を持とうとする真摯な態度の現れでもある。

④ 多様な考え相互のなかで，それぞれの考えのよさ（長弱）への気づきを

促したり，よりよい考えの価値に目覚めさせたりすることができる。

　複数の考えが提示されることにより，それら相互の比較によりそれぞれの長短が明確になったり，よりよい考えに気づいたりすることが容易になる。

　ある問題に対してさまざまな可能性を考え，そのなかからよりよいものを選んでいこうとする態度を育てることにもなる。

⑤　対話の能力を助長することができる。

　多様な考えが出され，発表し理解し合うという活動のなかには，特に，対話を成立させる二要素，すなわち，相手を納得させるように話す活動と自分が納得するまで聞き取ろうとする活動が含まれる。話す活動は，自分の考えを，主として自分の考えとは異なる考えを生み出した友だちに対して，よく分かるように筋道立てて説明し，納得させることである。また，聞く活動は，主として自分の考えとは違う友だちの考えに対して，自分の考えとは違うのに本当に解くことができるのか，どうして解くことができるのかということについて真剣に聞き取ろうとすることである。

⑥　数学研究の本質（自由性，解法の複数性，別証明の重要性）を体験させることができる。

○　「数学の本質はその自由性にある。」（G. カントール）
○　「すべての重要な結果は，少なくとも2つの異なる方法で得られるべきである。そして，特別に重要なすべての結果は，本質的に異なる方法によって得られるべきである。このことは数学と自然科学の研究において可能であり，このようにすることによって生徒は，すべての権威から解放されるであろう。」（E.H. ムーア）

　これらの言葉に見られるように，算数・数学を研究する根本的な精神は自由性であり，かつ多様性であると言える。もともと多様性をうちに含ん

でいるものである。実際，数学の基本的な法則は，それを別の観点から眺めることによって，さらにその理解が深まり，かつ，数学的な見方・考え方の本質に近づくことになるのである。

これらの意義を自覚し，個々の子どもが自分なりに真剣に考え出した多様な考えを積極的に生かしていく構えが教師の側に望まれるところである。個を生かすためにも，性急に解法の優劣をつけてしまうことは慎まれなければならないことである。

これらの意義が十分感得される授業を構想し，多様な考えを生かす授業を実施していきたいものである。

とはいえ，多様な考えを重視するあまり，「まだないか，まだないか」と無理強いさせて，奇抜な考えを執拗にねらうものであってはならない。

これらの多様な考えは，発表・練り上げの段階で提出され，筋道立ったもの（妥当性）という観点での検討を経て，簡潔・明瞭・統合・共通性などの観点による検討を通して数学的な価値づけを図っていくようにすることが大切であると考える。

3　有効性よりも考えの構想（筋道）を生かす

数学的な見方・考え方は，個人思考場面において自らの着想で問題を解決する時と，多様な考えをより数学的に価値のあるものにまとめ上げようとする時に大いに発揮されるものである。

したがって，全体の場では，個人思考の考えが発表される段階と，全員で練り合い・練り上げをする段階が，数学的な見方・考え方を発揮させる上で大切であると考える。この両方の段階を大切にしていきたい。

発表の段階では，一人ひとりの考えの筋道を大切にし，その着想を大いに理解するようにしていかなければならない。とかく，子どもは，有効性を問題としがちなものであるが，お互いの考えを理解し，場合によっては，より筋道の通ったものに仕上げてやることが，数学的な見方・考え方を発揮し，

身につける大切な場となると考える。

このことは，一人ひとりをよりよく生かすことにもなると考える。

4 反応の予想・みとり一覧表の作成・活用

自力解決の場面で，子どもたちがどのように考え，どのような手だてや順序でとりくんでいるかを，指導の意図と照らし合わせながらみとり，判断していくことが大切であると考える。

そこで，解決の可否と期待する数学的な見方・考え方の現れの程度との二次元表により，特に指導の意図と直結する数学的な見方・考え方の現れの程度とのかかわりで，予想される反応を下表のように整理し，これをもとにしてみることにより，個別指導や次の発表・練り上げの場を充実したものとするようにしていきたい。

解決可能性＼数学的な考え方	望ましい数学的な考え方（意味が分かる）	あまり望ましくない考え方（意味不明）
できる	◎指導のねらいに直結する数学的な考え方 Ⅰ	○筋を認め，生かす Ⅲ
できない	Ⅱ ○つまずきとして ・発想はいいが，解決不可（⇨疑問として生かす） ・上欄のつまずき（⇨筋道を生かし，Ⅰの考えへと高める） ・ケアレスミス（→指摘してやる）	Ⅳ ＜個別指導を＞ ・レディネス不足 ・でたらめ ・上欄のつまずき

第4章／発表・検討段階の組み方 | 49

　このみとりにもとづいて，どの考えをとり上げ・関わらせていくかの道筋をある程度決めて，発表・練り上げの段階で筋道立ったものへの仕上げからよりよいものや共通性への着目・まとめへと進めるように配慮していく。
　この一覧表を事前に作成する利点は，次の通りである。
① 個人思考の場での反応を予想するため
② 核となる数学的な見方・考え方を明らかにし，練り合い・練り上げの場面で数学的な見方・考え方を身につけさせる展開を図るため
③ 個人思考・発表・練り合い・練り上げの場面での，各自の考えをよりよく組織するため（ⅡやⅢの発表→Ⅰの創造，Ⅳやケアレスミスは，個別指導），また，臨機に対応するため（机間指導でのみとり・個別指導の観点として）
④ 創造的思考を生み出す力を育てるため（多様な考えを大切にする視点）
（例―1） 2年「たし算（2）」〔25＋34の場合〕

	望ましい数学的な考え方（分かる）	あまり望ましくない後ろ向き的考え方
で き る	○位毎にたしていく　〔(20＋30)＋(5＋4)〕 ○たす数を位毎に分解して，たされる数に一の位の数からたしていくもの　〔(25＋4)＋30〕 ○たす数を位毎に分解して，たされる数に十の位の数からたしていくもの　〔(25＋30)＋4〕 ○たされる数を位毎に分解して，たす数に一の位の数からたしていくもの　〔(5＋34)＋20〕 ○たされる数を位毎に分解して，	○数えたしていくもの　〔25＋1，2，3・・・〕 ○手順は分からないが，とにかく一度に答えができてしまう　（念頭思考，具体的操作活動） ○未習の考えややり方を使う　（互いに数を位毎に分解しているがその分解した数値を使った解法の途中に，未習のはずの□□＋□□の計算が出てきている）〔答えが間違っているものについてはⅣ〕

	たす数に十の位の数からしていくもの〔(20+34)+5〕	I	III	〔(20+4)+(30+5)〕
できない	○数値を分解しているが，未習の計算になるためにできないでいる（わけるという気づきとしてはいい）〔25+20+14, 25+15+15+4 等〕 ○上欄のつまずき	II	IV	○位取りを無視して計算している〔2+4+3+4＝13等〕 ○上欄のつまずき

　II，IIIの考えに属するものについては，分けるという考えを生かして，既習の計算に基づいてできるように，みんなで仕上げてやる。IVに属するものについては，本当にそうなるかを数え棒を使ってやらせてみるなどの個別指導を加える。また，IIに属するもので，Iのつまずきとしてケアレス・ミスのために間違っているものについては，その箇所を指摘してやるようにする。

（例—2）　5年「分数のわり算」〔$\frac{2}{5} \div 3$の計算方法〕

解決 \ 意味・数考	分かる（よい）			分からない（よくない）
できる	◎ 指導のねらいに直結する数学的な考え方 ○ $\frac{2}{5} \div 3 = \frac{2 \times 3 \div 3}{5 \times 3}$ 　　　$= \frac{2}{5 \times 3}$			・屁理屈的・でたらめ的・総上げ型 ・暗記的知識・機械的技能の披瀝（先走り学習・経験の結果） ○ $\frac{2}{5} \div 3 = \frac{2}{5 \times 3}$　〔かけ算は上へかけたので〕 （意味分からず） ＜考えの筋を認め・生かす＞ ＜ダメとは言わず，個を生かす＞ ＜他の考えの正当性の裏付けとして＞
		I	III	
でき	・上欄のつまずき ・既習事項の単なる応用	II	IV	・上欄のつまずき ・レディネス不足

な い	・解決方向・気づきはいいが，新しい困難部分を乗り越えられず（良着想・誤適用など） ○ $\dfrac{2}{5} \div 3 = \dfrac{2 \div 3}{5}$ ← （何とかできないか） （分子が割り切れた時の応用） ＜つまずき・疑問として生かす＞	・でたらめ ○ $\dfrac{2}{5} \div 3 = \dfrac{2}{5 \div 3}$ ・・・ ＜個別指導＞

5 低学年における個々人の考えの発表・理解の手順化

① 画用紙（等）に書かせる〔又は，OHCでノートをTVに映す〕

　みとり一覧表に基づいてみとった考えを発表させるために，画用紙を個人思考の段階で与え，ノートから写させる。それをもとに，前に出して発表させる。これがあると，発表に対する緊張感をいくらか和らげることができる。また，具体物を操作しての説明がある場合には，それも付けたさせる。（Ⅱ，Ⅲを中心に）

　発表の援助・つけ足しをする子どもについてもある程度の目星をつけておくようにする。（Ⅰの考えをした児童の活躍の場）

　考えを書く子どもと読み取り・発表する子どもとを別にする場合もある。このことも，一人ひとりを生かす観点から大切である。

② 簡略化・図式化してやる

　子どもの書いたものそのままでは，よく分からない場合が少なくない。そこで子どもの考えをその場で聞き取り，できるだけ忠実に，しかも分かりやすく簡略化したり，図式化したりしてやる。（形式やマジックの使い方を同一にして）このことにより，考えがストレートに分かるようになり，自分の考えとの比較や他の考えとの比較も容易になる。

③ 操作活動での確かめ

　低学年の場合，自分以外の人の考えは，自分で実際にやってみなければ，

なかなか理解できるものではない。個々の考えをできるだけ理解させ，練り合い・練り上げで話し合いを深めるために，この活動は有効である。

また，一人ひとりの考えを理解しているかどうかの評価場面としても有効な場面である。

④ 操作活動を図化し，考え（②）に重ね合わせる

この操作活動を図化して一緒にしておくことにより，それぞれの考えを容易に思い起こすことができるようになる。

⑤ ○○式から考えの特徴を示すネーミングへ

発表した考えに自分の名前がつくことは，発表した本人にとって大変嬉しいことである。また，名前をつけることにより，その人個人の考えが，みんなの財産になる。みんなの共有の考えにまで高まるのである。

ただ，いろいろと比較・検討する段階において，沢山ある場合，発表者の名前だけでは，考えの筋や内容がはっきりしなく，不便である。そこで，○○さん（君）式（型）から，考えの特徴をつかんで名前をつけるようにしている。このことにより，考えの違いがより明確になり，比較・検討もしやすくなるのである。（たとえば，A－（B+C）の「スーパー方式」とA－B－Cの「べつべつ方式」ないし「専門店方式」など）

（例） 2年「たし算2」

―― 個々の考えがより深く理解されるための工夫 ――――――――――

＜五つの考えの違いが明確になるようにするために，次のステップを踏む＞

① 発表予定の児童に個別に画用紙を渡し，自分の考えをかかせ，それを使って発表させる。
② 発表の要点を分かりやすく画用紙にマジックで見易く書いてやり，黒板に掲示する。（式を分解した図）
③ 数え棒を使って，それぞれの考えの操作をさせる。（理解の評価場面）
④ 数え棒の操作を，図に書き，①で書いた画用紙の下につける。
⑤ 考えの特徴を的確に表す名前づけ（ネーミング）を考えさせる。

6　練り合い・練り上げにおける視点

　練り合い・練り上げの場面では，多様な考え方をより数学的な価値（本時での指導のねらい）にまでまとめ上げていかなければならない。
　指導のねらいと照らし合わせながら，

---
① 　すべての考えを認める場面
② 　いくつかに絞る場面
③ 　一つに絞る場面
④ 　一つにまとめ上げる場面

等のどこに位置づけるべきかを明確にし，それらを目指した視点を設定していかなければならないと考える。
　練り合い・練り上げの視点（発問）として，次の2つが考えられる。

---
① 　よりよいもの（簡潔性，明確性，統合性，適用可能性，効率性）への着目・まとめ上げ
② 　関連性・共通性への着目・まとめ上げ（長短・関連性の明確化，すべてに共通するストラテジーとしてまとめ上げるなど）

　本時でのねらいがどちらのまとめ上げに属するのかを明確にとらえ，どのように発問を切り出していくべきかを事前に考えて授業に臨むことが重要である。
（例）　2年「たし算（2）」

　── 練り上げにおける発問の工夫 ──
　みとり一覧表のように5つの考え方が予想されるが，どれがいちばん簡単とはいい難く，その意味では同等である。（縦に積み上げた時，は

じめて位毎の方式が優位に立つ。）
　そこで，練り上げの視点を3段階に設定する。
① 筋道の通る考え方にみられる共通性を問題にすることによって，「分ける」という数学的な見方・考え方（アイディア）に気づかせていく。
② そして，自分なりに簡単なやり方を選択させた後，「暗算の場合，どれが簡単か」（軽く扱う）
③ 次に，位毎方式を簡単に表すと「筆算」というかたちで表せることを確認した後，「5つの考えで，簡単にできるのはどれか」

発表・練り合い・練り上げの進みゆきをまとめると，下図のようになる。

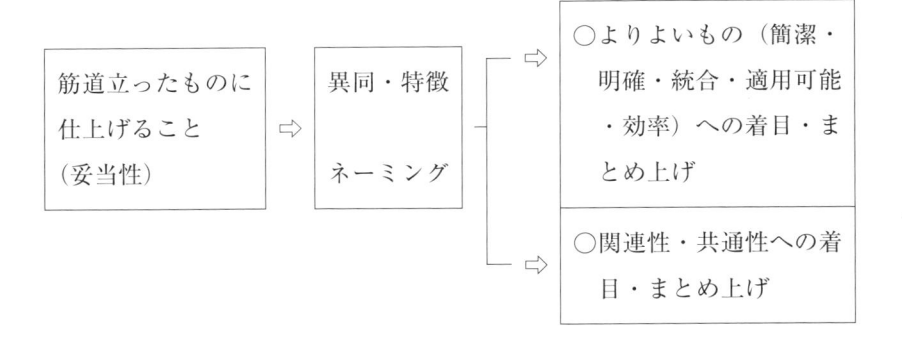

```
┌──────────┐    ┌────────┐    ┌──────────────────┐
│筋道立ったものに│ ⇒ │異同・特徴│ ⇒ │○よりよいもの（簡潔・│
│仕上げること  │    │       │    │ 明確・統合・適用可能│
│（妥当性）   │    │ネーミング│    │ ・効率）への着目・ま│
│         │    │       │    │ とめ上げ      │
└──────────┘    └────────┘    ├──────────────────┤
                         ⇒ │○関連性・共通性への着│
                           │ 目・まとめ上げ   │
                           └──────────────────┘
```

第5章／考えの多様性とその生かし方・まとめ方

1　多様性の類型化の試み―7つのタイプ―

　問題解決的な数学的活動を展開する場合，追究問題に対して子どもたちの反応はさまざまである。結果として，多様な考えが出されてくることになる。
　算数科では，そのような多様な考えをどのように扱い，どのようにまとめていくかがキーポイントとなる。
　教師は，事前に練り合い・練り上げのイメージを構想しておかなければならない。
　最終的なまとめ上げとして，大きくは2つの場合に分けられ，だいたい次のタイプが想定される。1つは，解決過程（解法）に着目した場合に解決方法として複数個の発見・産出が考えられる場合であり，もう1つは，考察結果（解）に着目した場合に考察結果そのものの複数個の発見・産出が考えられる場合である。
　前者は，計算方法を考える場面などで，「解決方法として考え出される多様な考え」（思考過程・解法における多様性）の場合であり，後者は，九九表における数の並び方を観察・考察する場面などで，「考察の結果，さまざまな気づき・発見として生み出されてくる多様な考え」（思考結果・解における多様性）の場合である。後者では，問題づくりやきまり・法則・秘密の発見，帰納的な気づき・まとめなどの場合が考えられる。
　指導のねらいから，多様な考えの扱い方・まとめ方は，前者に関しては4タイプ，後者に関しては3タイプにまとめられる。

　　Ⅰ　思考過程における多様性〔解法〕

① 独立的な多様性

　※それぞれの考えの独自性を生かす

② 個別的な多様性の序列化（序列化可能な多様性）

　※それぞれの考えの効率性に着目して序列化する

③ 個別的な多様性の統合化（統合化可能な多様性）

　※それぞれの考えの共通性に着目して統合する

④ 個別的な多様性の構造化（構造化可能な多様性）

　※それぞれの考えの関連性に着目して分類・整理する

Ⅱ　思考結果における多様性〔解〕

① 個別的な多様性

　※それぞれの考えの個別性を生かす

② 個別的な多様性の統合による概念化

（統合による概念化可能な多様性）

　※それぞれの考えの共通性に着目して統合し，概念化する

③ 個別的な多様性の分類・整理による構造化・概念化

（分類・整理による構造化・概念化可能な多様性）

　※それぞれの考えの類似性に着目して分類・整理し，構造化・概念化する

表に整理すると，以下のようになる。

解法か解か　＼　多様性の種類	多様な考えのまとめ方	
	Ⅰ 「思考過程・解法」型	Ⅱ 「思考結果・解」型
	◇問題解決の方法	◇問題づくり ◇きまり・法則・秘密の発見 ◇帰納的な気づき・まとめ
①独立的・個別的な多様性	○独立的な多様性（Ⅰ－①） ＊独自性を活かす	○個別的な多様性（Ⅱ－①） ＊個別性を活かす

②序列化可能な多様性	○序列化可能な多様性（個別的な多様性の序列化）（Ⅰ-②） ＊効率性に着目して序列化	
③統合化可能な多様性	○統合化可能な多様性（個別的な多様性の統合化）（Ⅰ-③）（公式化など） ＊共通性に着目して統合	○個別的な多様性の統合による概念化（統合化・概念化可能な多様性）（Ⅱ-②）（定義・性質への気づき） ＊共通性に着目して統合し，概念化 ＊帰納的な気づき・まとめ
④構造化可能な多様性	○構造化可能な多様性（個別的な多様性の構造化）（Ⅰ-④） ＊関連性に着目して分類・整理	○個別的な多様性の分類・整理による構造化・概念化（構造化・概念化可能な多様性）（Ⅱ-③）（仲間分け，概念形成） ＊類似性に着目して分類・整理し，構造化・概念化

　多様な考えを扱う時の視点は，独自性，効率性，共通性，関連性と個別性，類似性である。

　多様な考えとはいえ，これまでの既習事項・既習経験から，本時での子どもたちの反応も大体のところは予想できる。したがって，事前に可能な範囲で予想しておき，対処の仕方を考え，どのような方向にまとめていくのかの構想をもっていることが重要である。

　多様な考えの，このような整理は，その「基本形」（理論化）として把握しておく上でも重要である。

　しかし，これはあくまでも構想段階における理想形であり，実際の授業ではこの通り進むとは限らない。無理やりその通りに進めようとすることは危険である。

　実際の授業では，そのクラスの子どもの状況やその時間のすすみゆきの関

係で変わってくることも大いにありうることである。時間の関係で途中で終わったり、出された考えの種類・傾向によりまとめの方向を変更したりしなければならないということも考慮しておく必要がある。

2 独立的な多様性（Ⅰ—①）

独立的な多様性とは，

> 数学的な考えとしては妥当であり，かつアイディアとして互いに関連が薄い，ないしは無関係であり，それぞれに同等な価値があると考えられる多様性

のことである。

算数科の場合，問題解決を通して多様な解法が出されてくる場面である。モデル図で表すと，次のようになる。

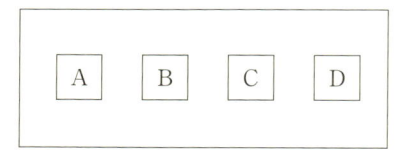

| A | B | C | D |

AからDまでの考えが発表され，それらは，相互に関連はないものの，問題解決の解法としては，それぞれに価値のあるものである。

どれか一つの考えを特別に優れたものとすることが難しい場合であり，どれもそれなりに価値のあるものと判断されうる場合である。このような場合には，教師は，それぞれの考えが数学的な考えとして優れている点を中心にとり上げて，子どもたち全員に納得させていくまとめ方が大切である。

例えば，6年「組み合わせの数」では，次のような追究問題が考えられる。

> 5チームでミニバスの試合をします。全チームと当たることにすると，レク係の発表では10試合だそうです。本当に10試合でいいのでしょうか。
> （リーグ戦）

いわゆるリーグ戦（総当たり戦）の問題である。

妥当な方法として，次のような考えが出される。

① 表を利用する考え

　5チームを，それぞれ，ア，イ，ウ，エ，オと記号化して，右のような二次元表にして，組み合わせの数を考える。斜め下半分は，斜め上半分の組み合わせと同じなので，どちらか一方の丸の数を数えればよい。

4 + 3 + 2 + 1 = 10

② 樹形図の考え

　落ちや重なりのないように，順序よく対応させていく。

4 + 3 + 2 + 1 = 10

③ 図で表す考え（5角形）

　5つの頂点からひける直線の数を数える。

④ 変化表の考え

　1チームの場合，2チームの場合，・・・と表に整理して考えていくと，チーム数と試合数の関係が分かり，その考えで求められる。

1 + 2 + 3 + 4 = 10

これらの考えの間には，特別に優劣をつけることは難しい。「チーム数が連続的に変化する場合にすぐに計算で出せる方法は？」というような条件がつかない限り，どの考えも価値あるものである。どの考えも大切に扱い，それぞれの優れている点に気づかせ，それぞれの考えを自分のものとできるように指導したいものである。

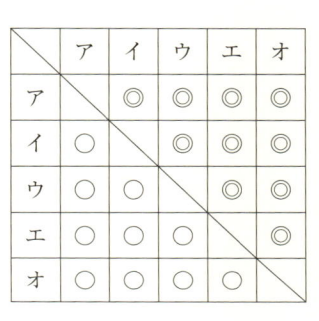

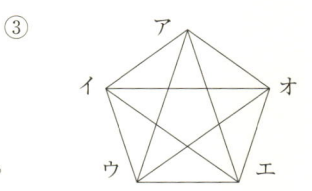

60 | 第Ⅰ部　自ら考えみんなで創り上げる算数学習の構想

　解法を多様に考えさせることに主眼がある場合は，例のように答えを最初から提示しておく方法が効果的でもある。

　もう1つの例として，6年「分数のわり算」における計算の仕方の授業を挙げてみたい。

$\dfrac{2}{3}$m の重さが $\dfrac{8}{15}$kg の棒がある。このとき，1m の棒の重さは何kgか。

　1当たりの量を求める等分除的除法の場面である。分数のわり算の意味理解のあと，一般的には，このような問題で計算の仕方を考えさせる。既習事項にもとづいて子どもたちは，様々な方法を考えることのできる場面である。

　全部とは限らないが，だいたい次のようなものが考えられる。それぞれに根拠が異なり，大事にしたいところである。単なる式操作だけではなく，対応数直線や面積図と対応して提示されると，子どもたちにとって実感的に理解しやすいものとなる。状況に応じて，教師の手助けが必要な場合も考えられる。

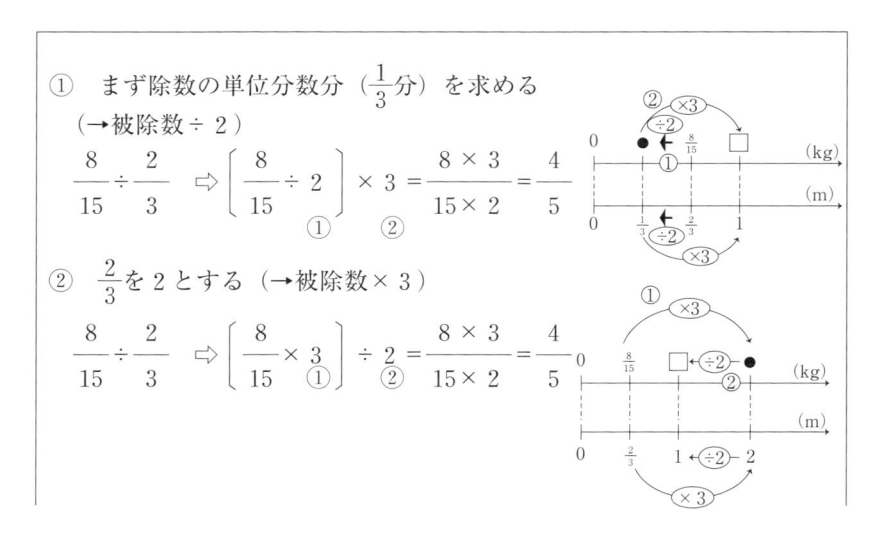

① まず除数の単位分数分（$\dfrac{1}{3}$分）を求める
（→被除数÷2）

$$\dfrac{8}{15} \div \dfrac{2}{3} \Rightarrow \left[\dfrac{8}{15} \div 2\right] \times 3 = \dfrac{8 \times 3}{15 \times 2} = \dfrac{4}{5}$$

② $\dfrac{2}{3}$ を2とする（→被除数×3）

$$\dfrac{8}{15} \div \dfrac{2}{3} \Rightarrow \left[\dfrac{8}{15} \times 3\right] \div 2 = \dfrac{8 \times 3}{15 \times 2} = \dfrac{4}{5}$$

第5章／考えの多様性とその生かし方・まとめ方

③ 除数の整数化（両数に×3）

$$\frac{8}{15} \div \frac{2}{3} = \frac{8 \times 3}{15} \div \frac{2 \times 3}{3} = \frac{8 \times 3}{15} \div 2 = \frac{8 \times 3}{15 \times 2} = \frac{4}{5}$$

（数直線同上）

④ 除数の1化（両数に×$\frac{3}{2}$・除数の逆数）

$$\frac{8}{15} \div \frac{2}{3} = \left[\frac{8}{15} \times \frac{3}{2}\right] \div \left[\frac{2}{3} \times \frac{3}{2}\right]$$
　　　　　　　　　① 　　　　②
$$= \frac{8 \times 3}{15 \times 2} \div 1 = \frac{4}{5}$$

⑤ 被除数・除数の整数化

（両数に×15・両分母の最小公倍数）

$$\frac{8}{15} \div \frac{2}{3} = \left[\frac{8}{15} \times 15\right] \div \left[\frac{2}{3} \times 15\right]$$
　　　　　　　　　① 　　　　　①
$$= 8 \div 10 = \frac{4}{5}$$
　　　②

⑥ 同分母化（通分の考え・単位をそろえる）

1) $$\frac{8}{15} \div \frac{2}{3} = \frac{8}{15} \left[\frac{2 \times 5}{3 \times 5}\right] = \frac{8}{15} \div \frac{10}{15}$$
$$= 8 \div 10 = \frac{4}{5}$$
　　　　　①

2) $$\frac{8}{15} \div \frac{2}{3} = \left[\frac{8}{15} \times 5\right] \div \left[\frac{2}{3} \times 5\right]$$
　　　　　　　　　　① 　　　　　①
$$= \frac{8}{3} \div \frac{10}{3} = 8 \div 10 = \frac{4}{5}$$
　　　　　　　　②

⑦ 面積図（①と関連）

$$\frac{8}{15} \div \frac{2}{3} = \left(\frac{8}{15} \div 2 \right) \times 3$$

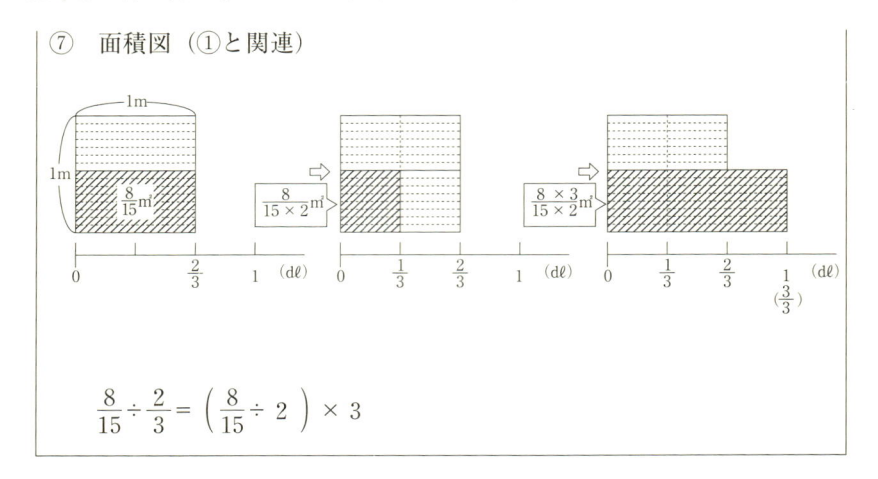

③〜⑥は，最初の段階や途中の段階で，わり算の性質（被除数と除数に同じ数をかけても，わっても商は変わらない）を利用したものである。

これらは，いくつかに分類することも可能（構造化可能な多様性）であるが，それぞれの考えを大事にしたいものである。

3 序列化可能な多様性（Ⅰ-②）

序列化可能な多様性とは，

> 数学的な効率性の面から見て，それぞれの考えをいちばんよい考え，2番目によい考え，・・・，ねらいから見て望ましくない考え，というように，序列をつけることができる多様性

のことである。

モデル図で表すと，次のようになる。

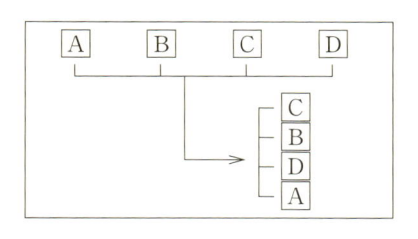

第5章／考えの多様性とその生かし方・まとめ方 | 63

```
A   B   C   D
        │   │
        ↓   │
            C
            B
            D
            A
```

　AからDまでの考えが発表され，それらは，効率性という観点から見ると，序列をつけることができる場合である。モデル図の例で言うと，Cがいちばん効率的な方法と言うことになる。
　多様な考えを同列にみるのではなく，計算の結果を簡単に速く求めることができるなど，能率的な方法という観点から見て，順位がつけられる場合である。また，将来の発展から見ても，その時点で効率的な方法として絞り，確実に身につけさせておきたい場合もある。
　このような場合には，教師は，それぞれの考えを認めた上で，長所，弱点を検討させ，効率的な方法に帰着させていくことが望ましい。
　例えば，3年「（2，3位数）×（1位数）」では，次のような追究問題が考えられる。

　かけられる数が今までと違って□□になっている□□×□の計算はどのように計算したらよいでしょうか。24×3で考えてみよう。

　この追究問題に対して，次のような解法が出されてくる。

① 累加の考え
$$24 \times 3 = 24 + 24 + 24 = 72$$

```
  24
  24
+ 24
  72
```

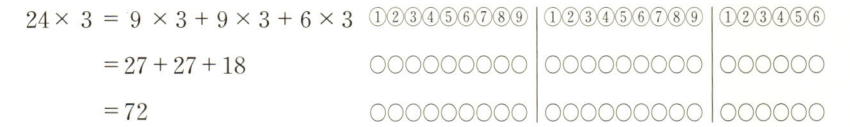

② かけ算九九を活用（被乗数の加法的分解）
$$24 \times 3 = 9 \times 3 + 9 \times 3 + 6 \times 3$$
$$= 27 + 27 + 18$$
$$= 72$$

①②③④⑤⑥⑦⑧⑨　①②③④⑤⑥⑦⑧⑨　①②③④⑤⑥
○○○○○○○○○　○○○○○○○○○　○○○○○○
○○○○○○○○○　○○○○○○○○○　○○○○○○

③　かけ算九九を活用（被乗数の乗法的分解）

　　24 × 3 = 8 × 3 × 3
　　　　　 = 8 × 9
　　　　　 = 72

④　10ずつに分ける

　　24 × 3 = 10 × 3 + 10 × 3 + 4 × 3
　　　　　 = 30 + 30 + 12
　　　　　 = 72

⑤　位ごとに分ける

　　24 × 3 = 20 × 3 + 4 × 3
　　　　　 = 60 + 12
　　　　　 = 72

　それぞれの考えは，一人ひとりが既習の知識や経験を駆使して導き出してきたという意味で貴重であり，また妥当な方法でもある。その努力を認めることは大切なことである。

　しかし，効率性という点から見ると，すぐれた考えが明瞭になる場面でもある。この場合は，効率的な観点から考察させ，まとめておくことが重要である。

　計算のアルゴリズム的な方法として最も効率的な方法は，⑤の方法である。

　したがって，このような授業では，最終的に⑤の，位ごとに分けて計算する方法を，効率的な計算方法として認識させ，新しい考え方として獲得させていかなければならない。

　この方法をアルゴリズムとして身につけることは，思考を節約すること（節約性，決定性，大量性，結果保証性）になる。

4　統合化可能な多様性（Ⅰ―③）

　統合化可能な多様性とは，

第5章／考えの多様性とその生かし方・まとめ方 | 65

> 共通性に着目することによって、一つの考えにまとめることができる多様性

のことである。

モデル図で表すと、次のようになる。

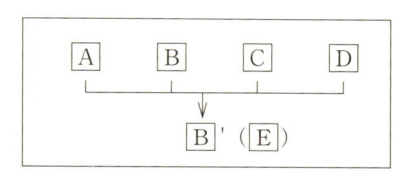

```
┌─────────────────────────┐
│  A    B    C    D       │
│  └────┼────┘    │       │
│       ↓                 │
│      B'(E)              │
└─────────────────────────┘
```

AからDまでの考えが発表され、それらをよく見ると、相互に関連があり、ある見方をすると、一つにまとめることができるものである。モデル図で言うと、Bを中心としたもの（B'）、ないしは新しい観点での方法（E）として統合されるのである。

相違点よりも共通点に着目させ、そのことによって一つにまとめることが可能な場合である。

このような場合には、教師は、それぞれの考えのよさを賞賛した上で、共通性に着目させる発問により、一つの方法へとまとめていくことが重要である。

例えば、5年「三角形・四角形の面積」では、次のような追究問題が考えられる。

> 三角形も、面積が求められるのだろうか。
> 右の三角形で考えてみよう。

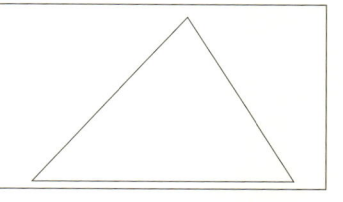

平行四辺形の求積を受けての場合と逆の場合とでは反応に多少の差異が見られるが、平行四辺形の面積より前に位置づけた場合でも、大体次の三通りの考えが出されてくる。

① （底辺×高さ）÷2　② 底辺×（高さ÷2）　③ （底辺÷2）×高さ

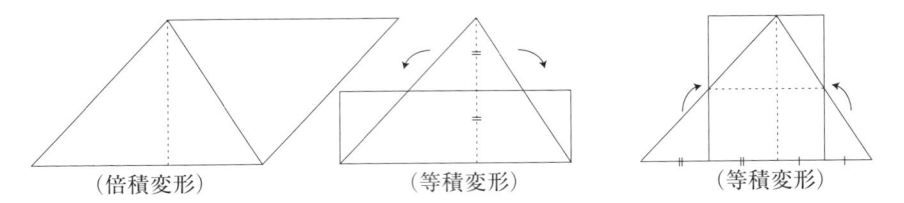

　　（倍積変形）　　　　　　（等積変形）　　　　　　（等積変形）

これらの考えを共通性に着目して統合することにより，

> 三角形の面積も，直交する二つの長さの積で求めることができる。

こと（E 的なまとめ方）を確認し，次の公式（B'的なまとめ方）が得られることとなる。

> （三角形の面積）＝（底辺）×（高さ）÷2

　先ほどの，三年「（2，3 位数）×（1 位数）」の例でも，①の方法をみんなで確認した後，②から⑤までの方法が出された場合には，②から⑤までの方法は「分ければできる」という見方（E 的なまとめ方）に一旦統合することができる。

5　構造化可能な多様性（Ⅰ—④）

　構造化可能な多様性とは，

> 　関連性に着目することによって，いくつかのグループにまとめることができる多様性

のことである。

第5章／考えの多様性とその生かし方・まとめ方 | 67

モデル図で表すと，次のようになる。

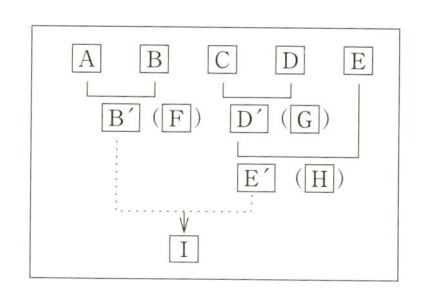

　　　　　　　　　　　　　　　ＡからＥまでの考えが発表され，
　　　　　　　　　　　　　　それらをよく見ると，相互に関連があ
　　　　　　　　　　　　　　るものもあり，関連のあるもの同士で
　　　　　　　　　　　　　　まとめるといくつかのグループに整理
　　　　　　　　　　　　　　することができるものである。場合に
　　　　　　　　　　　　　　よっては，さらにある視点で見た時に
　　　　　　　　　　　　　　一つにまとめることができる場合もあ
る。結果として，全体を一つの体系としてまとめることも可能である。

　この意味で，前三者の複合形態ということもできる。

　モデル図の例で言うと，ある観点から見ると，Ａ・ＢのグループＢ´または F）とＣ・ＤのグループＤ´またはＧ）とＥという３つに整理・統合でき，さらにＣ,Ｄ,Ｅを一つのグループ（Ｅ´またはＨ）にまとめることもできる。また，場合によっては，すべてをＩとしてまとめることもできる。

　これまでに述べてきた独立的な場合，序列化可能な場合，統合化可能な場合の三者の複合型とも言えるものである。

　共通性，関連性に着目することにより，相互の構造的連関が明らかとなる場合である。

　このような場合には，教師は，それぞれの考えのよさを賞賛した上で，共通性，関連性に着目させる発問により，いくつかの（ないしは，一つの）方法へと整理していくことが望ましい。しかしながら，他のまとめ方に比べ，子どもたちにとってこの関係を見いだすことが困難なことも想定される。そのような場合には，無理に一つの考え・方法に帰着・統合することは避け，それらの考え・方法についての相互の関連を子どもなりに理解できる程度におさえた取り扱いが望ましい。

　また，もう一つの典型的な形として，次の２次元表に，すべての考えが位置づく場合も多い。例は，単位量あたりの考えの指導の場合のものである。

(「混みぐあい」など)

	単位Xをそろえた場合 （面積など）	単位Yをそろえた場合 （人数など）
1あたり方式	Aの考え	Bの考え
公倍数方式	Cの考え	Dの考え

　これは，多様な考えを2つの観点（この場合は，「単位Xをそろえる方式か単位Yをそろえる方式か」という観点と，「1あたりで出す方式か公倍数で出す方式か」という観点の2つ）から整理して，AからDの4つの考えを表のなかに位置づけたものである。

　表を埋めながら，欠落した箇所が出た場合には，その箇所に属するであろう考えを自分たちで見つけようとして考えさせることにより，新たな解法を生み出してくることが可能となる場合もありうるのである。

　モデル図で表すと，次のようになる。

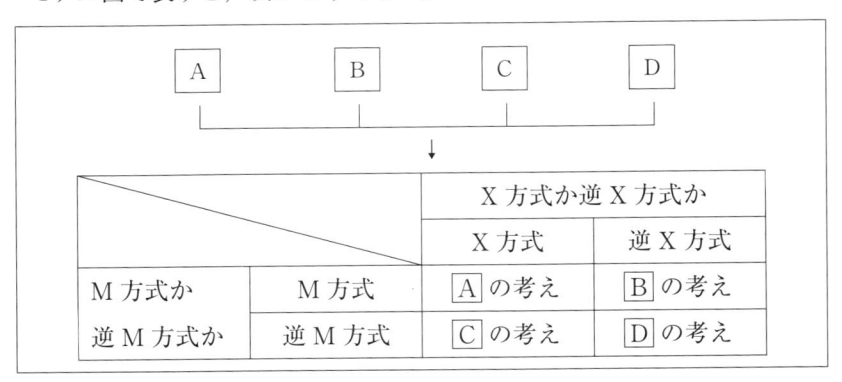

		X方式か逆X方式か	
		X方式	逆X方式
M方式か 逆M方式か	M方式	Aの考え	Bの考え
	逆M方式	Cの考え	Dの考え

　種類としてまとめると，だいたい次のものが考えられる。

1）　複合型（複合形態）

　　独立的な多様性や序列化可能な多様性，統合化可能な多様性，その他の考えなどが混ざった形態であり，それらをいくつかのグループにまとめることができる場合がこれにあたる。

2）　二次元表型

　　出された多様性が，2つの観点できれいに整理できる場合がこれにあたる。

6　個別的な多様性（Ⅱ―①）

個別的な多様性とは，

> 考察結果として個別的，羅列的に提示でき，一つひとつが意味をもっている多様性

のことである。

　考察結果としての，子どもたちの考え（解答）が個別的，羅列的（箇条書き）的に多様に提示されてくる場合である。一つひとつが意味をもっている多様性であり，個別的に提示可能なものである。（ここで出されたものが，構造的に整理できる場合が，次のもの〔7〕である。）

　考察対象についてきまりやひみつ・規則性を見いだしたり，式に合うように問題をつくったり，条件に合う計算式を多様につくったりするものである。

　例えば，九九表などを見て，数の構成について気づいたことやきまり・ひみつ・規則性を発見する授業が，このタイプのものである。

　また，たくさんの図形を見て，そこに共通する性質や特徴を複数個見いだすような場合もある。帰納的に考察することにより，「発見した」という形で披露されるものである。

　4年「計算の順序」における「4□4□4□4」（four fours）の学習で，□のなかに「＋，－，×，÷を入れて，0〜9までの数をつくりましょう。」（（　）の使用も可能）などの問題における計算式づくりなども考えられる。

☆計算式づくりに挑戦！！　　氏名　　　　　

◎□の中に，＋，－，×，÷を入れて，0〜10までの数をつくりましょう。
※（　）を使ってもいいです。

0	3		3		3		3
	3		3		3		3
1	3		3		3		3
	3		3		3		3
2	3		3		3		3
	3		3		3		3
3	3		3		3		3
	3		3		3		3
4	3		3		3		3
	3		3		3		3
5	3		3		3		3
	3		3		3		3
6	3		3		3		3
	3		3		3		3
7	3		3		3		3
	3		3		3		3
8	3		3		3		3
	3		3		3		3
9	3		3		3		3
	3		3		3		3
10	3		3		3		3
	3		3		3		3

◎□の中に，＋，－，×，÷を入れて，0〜9までの数をつくりましょう。
※（　）を使ってもいいです。

0	4		4		4		4
	4		4		4		4
1	4		4		4		4
	4		4		4		4
2	4		4		4		4
	4		4		4		4
3	4		4		4		4
	4		4		4		4
4	4		4		4		4
	4		4		4		4
5	4		4		4		4
	4		4		4		4
6	4		4		4		4
	4		4		4		4
7	4		4		4		4
	4		4		4		4
8	4		4		4		4
	4		4		4		4
9	4		4		4		4
	4		4		4		4

ここで出されたものが，構造的に整理できる場合が，Ⅱの②や③であるとも言える。

7　統合化・概念化可能な多様性（Ⅱ―②）

統合化・概念化可能な多様性とは，

> 考察結果（個別的な多様性）全体を相互に関連させて，それぞれの考えの共通性に着目して統合し，概念化することができる多様性

のことである。

　子どもたちから出された，いろいろな見方・考え方を見てみると，その共通性に着目して，統合し，概念化することができる場合がある。

　5年の「三角形の内角の和」について考える場面について考える。いろいろな大きさや形の三角形を自ら作成し，実測することにより，内角の和のきまりに帰納的に気づいていく場面である。最終的には，180度に収束していくものである。3つの角の部分を寄せ集めたり，合同な三角形を敷きつめたりする方法でも見いだすことができる。これらの結果をまとめることにより，「どんな三角形の3つの角の大きさの和も180度になる」ことを見いだしていくことができる。

8　構造化・概念化可能な多様性（Ⅱ―③）

構造化・概念化可能な多様性とは，

> 考察結果（個別的な多様性）全体を相互に関連させて，それぞれの考えの類似性に着目して分類・整理し，構造化・概念化することができる多様性

のことである。

　子どもたちから出された，いろいろな見方・考え方をみて見ると，構造的に分類でき，それらを整理してとらえることができる場合がある。

　構造的な整理が可能な例として，6年「いろいろな関係」について考えてみる。

　その導入において，「XがかわるとYも変わる」事例を探させる学習がある。比例，反比例の学習に当たって，これまでの，伴って変わる量についての総まとめをも射程に入れたものである。

　ここでは，いくつかの具体的な事例が出される。

　例えば，次のものである。

① 　一日の昼の長さと夜の長さ
② 　時速30kmの車の走る時間と進む道のり
③ 　面積24c㎡の長方形の縦の長さと横の長さ
④ 　一日の時刻と気温
⑤ 　私の年齢と父の年齢（私11歳の時，父36歳）
⑥ 　父の身長と体重
⑦ 　花だんの縦と面積（横一定）
⑧ 　40kmの距離での速さとかかる時間
⑨ 　かさ10本の売れた本数と残りの本数
⑩ 　水入りバケツ（2kg）に入れる石の重さと全体の重さ

　今，仮に，①から⑩まで出されたとする。この段階では，それぞれの考えは個別的な多様性として処理されうる。

　さらに，これらを分類・整理していくと，次のようになる。

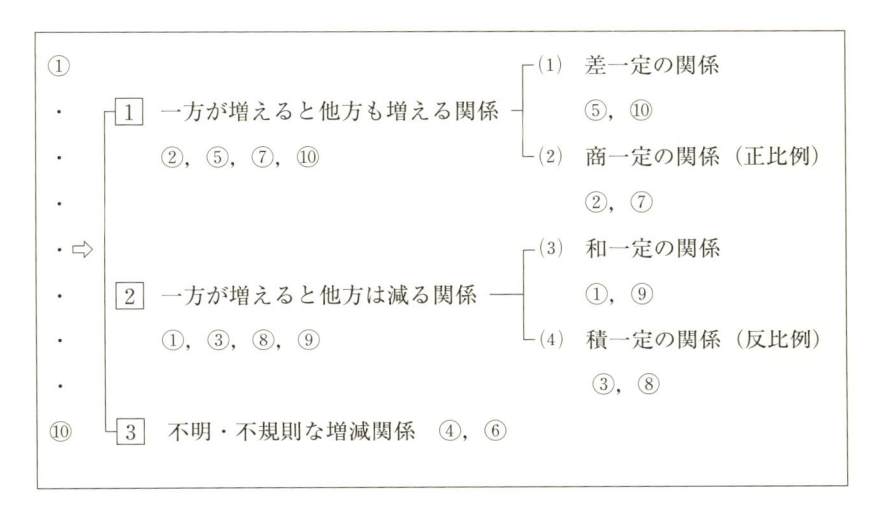

第5章／考えの多様性とその生かし方・まとめ方 | 73

```
①                                    ┌─(1) 差一定の関係
・    ┌─ 1  一方が増えると他方も増える関係 ─┤     ⑤, ⑩
・    │                                └─(2) 商一定の関係（正比例）
・    │      ②, ⑤, ⑦, ⑩                    ②, ⑦
・⇨  │                                ┌─(3) 和一定の関係
・    ├─ 2  一方が増えると他方は減る関係 ───┤     ①, ⑨
・    │                                └─(4) 積一定の関係（反比例）
・    │      ①, ③, ⑧, ⑨                    ③, ⑧
⑩    └─ 3  不明・不規則な増減関係    ④, ⑥
```

このような形にまとめる時、構造的な整理がなされたと言える。

この例は、XとYの二数の増減関係に着目することにより、5つの場合があるという構造、体系が明らかとなったものである。5つにきれいに整理することができ、そこから比例、反比例の学習に入っていくことができたものである。「完全構造型」とも言える。

このような形で整理できるものは、だいたい次のような種類が考えられる。

1） 完全構造型（前述のもの）
2） 相互関連づけ型

　　それぞれの考えが何らかの形でつながっているものである。立体図形の展開図など、個々の考えは全く別個のものではなく、ある考えとある考えはある1つの面を少し動かしただけで、相互に関連している場合が多い。

3年に「三角形」の指導がある。4色の長さの違うストローで、三角形の構成を行うことにより、分類の活動が始まる。子どもたちは、辺の長さに着目して、正三角形、二等辺三角形、不等辺三角形の3種類に分類し、定義や性質を導いていくこととなる。

以上，7つの型について，Ⅰ（①～④）の場合は「思考過程・解法型」であり，Ⅱ（①～③）の場合は「思考結果・解答型」と言える。

9　構想段階の型と実際の授業づくり

これまでの実践にあっては，教材研究の段階で，「統合型」の教材であると判断してしまうと，無理やり統合してしまおうとする傾向が見られた。また，そうなりさえすればよしとする傾向があった。

しかし，そのように無理やり一方的な方向に持っていくよりも，子どもの実態や多様な考えの出方によっては，この段階では「独立型」でまとめておいた方がよいという場合も多々ある。

この意味で，型分けが始めから固定的に決まっており，最後にはその通りの形にまとめるべきであると考えるのは誤りである。実際の授業では，教師は時間の関係で途中で終わったり，出された考えの種類・傾向によりまとめの方向を変更したりしなければならないということも考慮しておく必要がある。

10　複数のパターンでまとめる指導例

また，一つの事例（多様な考え）について，上記のパターン（型）における複数のまとめ方が関連してくる場合がある。

5年「三角形・四角形の面積」の学習について考えてみる。関連性・共通性に着目して数学的な見方・考え方の顕在化を図る場合である。

「求積」に関係する数学的な見方・考え方として，およそ次のようなものが考えられる。

1年	○　直接重ね合わせての大小比較（直接比較や間接比較） ○　色板や方眼の枚数による比較（任意単位による測定）
2年	○　正方形，長方形，直角三角形による敷き詰め，そのいくつ分による比較（図形領域）

4年	○ 平行四辺形，ひし形，台形による敷き詰め，そのいくつ分による比較（図形領域） ○ 普遍単位（単位正方形）の個数による求積のしかた ○ 辺の長さに着目しての求積のしかた
5年	○ 既習の求積できる図形に変形しての求積（等積変形，倍積変形，分割等） ○ 垂直の関係にある2つの構成要素の積としての統合 ○ 連続変形的な見方による公式の統合
6年	○ 概形を捉え，公式を組み合わせての求積のしかた ○ 平行四辺形に近似して捉え，無限の考えを使った円の求積のしかた 　等々

　5年生の「面積の求め方」については，学習指導要領で数学的活動として，「三角形，平行四辺形，ひし形及び台形の面積の求め方を，具体物を用いたり，言葉，数，式，図を用いたりして考え，説明する活動」と例示されているところである。数学的な見方・考え方に該当する場面である。

　三角形の面積を問題にする場合，それまでの長方形，正方形（以上，4年生），平行四辺形の求積方法の学習を基に，自然な流れとして，「三角形も面積が求められるのだろうか」（あるいは，「三角形も求積の公式が作れるのだろうか」）と，問いを連続的に発展させる展開がある。そこでは，三角形の面積の求め方が問題となる。

　主に，求積のできる平行四辺形や長方形に変形した，次のような考え方が出されてくる。（前述の4「統合化可能な多様性」を参照）

---

① （底辺×高さ）÷2〔倍積変形〕
　※同じ三角形を2つ合わせてできる形に変形（平行四辺形や長方形）
② 底辺×（高さ÷2）〔等積変形〕
　※高さが半分になる，横長の平行四辺形や長方形に変形

③ （底辺÷2）×高さ〔等積変形〕
　※底辺が半分になる，縦長の平行四辺形や長方形に変形

　数学的なコミュニケーションとして，それぞれの考えが発表され，それぞれの考えの真意と妥当性が検討される。変形して考える意図，すなわち，求積のできる既習の長方形や平行四辺形に変形して，求積しようとしたことが語られる。
　①は倍積に変形したもの，②は底辺はそのままで高さを半分にして等積に変形したもの，③は高さはそのままで底辺を半分にして等積に変形したものである。思考と表現の一体化である。ここでは，妥当な考えは，すべて認められる。このような思考については，次に誰もが使えるように全員に理解させるようにしたいものである。
　その後，これらの関連性・共通性に着目させてまとめることにより，2つの数学的な見方・考え方をクローズアップしたり，共通性として1つにまとめることが可能となる。うまくいけば，その両方のまとめを体験させることも可能である。

○　「構造化可能な多様性」としてのまとめ
　①………倍にして考える（平行四辺形や長方形に倍積変形）
　②，③…同じ面積で，形を変えて考える（平行四辺形や長方形に等積変形）

○　「統合化可能な多様性」としてのまとめⅠ（共通性でのまとめ）
　「三角形の面積も，直交する，2つの長さの積で求めることができる。」（A×B）

その後，認められたすべての考え方を基に，あらたな発問，すなわち公式化を図る発問により，次のようにまとめていきたいものである。

> ○ 「統合化可能な多様性」としてのまとめⅡ（①，②を中心にしたまとめの場合）
> 「(三角形の面積) ＝ (底辺) × (高さ) ÷ 2」

これらの考えは，それ以後の学習においても生かされることとなる。
例えば，台形の求積の学習では，次のような考えが展開されてくる。

> ① 結果を活用する考え〔演繹的な考え〕
> 　（「三角形や長方形に分割する考え」と「三角形や長方形の面積の公式」の活用）
> 　※「分割のアイディア」は，多角形の面積や内角の和を求めたり，合同図形のかき方を考えたりする時などにも生きて働くものである。
> ② 方法を活用する考え〔類推的な考え，演繹的な考え〕
> 　（「等積変形」，「倍積変形」の考えの活用）

これら3つのまとめ方については，それぞれについて子どもの気づき・発言や教師の発問が重要となる。このようなまとめ方は，子どもの気づき・発言を取り上げたり，教師の発問により検討の方向を絞ったりすることにより可能となるのである。

第6章／練り合い・練り上げ指導の改善
――4つのステップ化――

1　練り合い・練り上げ指導の問題と課題

　追究問題に対して，子どもたちは，自分なりの論理・筋道で思考してくる。その思考を通して，個々の子どもは自分なりの解法を見いだしてくる。それらの解法は，個々の子どもによって異なる。
　結果として，いくつかの解法が発表されることとなる。
　その際，子どもは，とかく，すぐに次のようなことを問題にしてくることが多い。

> ○　結論が自分のものとは異なるのでおかしい。
> ○　その考え方は，面倒だからよくない。
> ○　前に発表された考えより劣るのでよくない。

　これらは，子どもが結果の異同・正誤や解法相互の優劣に目を奪われてしまうからである。
　子どもは，その，不備なところやより劣っていると判断する箇所を指摘するだけで，その解法を再度見直そうとか，生かしてよりよいものに仕上げようとすることが少ない。
　それに対して，教師は，子どもから出される意見や質問（質問の形をとった意見）を適切に処理することができなく，いつの間にかそれらに押し切られ，「解ける」という点では同等の価値のあるものがつぶされたり，教師の意図に合った，都合のよいものだけが取り上げられ，他の解法はとり上げられない（生かされない）ままとなったりする。

なぜそうなるのか。

それは，教師の方も，常日頃の指導において，個々の解法における結果の正誤だけを問題としたり，解法の発表・理解の場面にもかかわらず，最初から個々の解法そのものの検討（妥当性の検討）と解法相互における優劣の検討（有効性・卓越性の検討）とを区別なく，同時にしたりすることを許してしまっているからである。

また，課題（問題）の設定の時点で，誤った方向での提示をしている場合もしばしば見られる。最初から，問いのなかに「この問題を解くのにいちばんいいと思う方法を見つけなさい。」ということを加えているために，各自の考えを発表してくる時点で，子どもの方は自然と自分の考えや他の考えとその優劣を比べながら聞いてしまう。その結果，その考えは劣っているから駄目であるということになって，つぶされてしまうのである。問題設定のなかに，最初から多様な考えの優劣比較を含めてしまっているためである。

このような指導で，一人ひとりの解法を生かし，一人ひとりの解けたという喜びを保障したことになるであろうか。また，自分のものとは異なる方法でも解けるという柔軟な見方・考え方（創造的な思考態度）に気づかせることで成功しているといえるであろうか。

否である。

これでは，個々の解法を生かし，個々の解法について納得のいく理解を図ることができたと言うことはできない。個を生かす指導からはほど遠いものであり，責任は教師側にあると言える。

ここでは，このような，算数科学習指導における「解法（解）の練り合い・練り上げ」の場面に限定して，そこに生きて働くべき指導原理を考えてみることとする。

究明すべき課題として少なくとも次の2つのことが浮かび上がってくる。

> ① 子どもたちにどのような解法を出させ，それらの解法をどのような態度で扱っていけばよいのか。
> ② それらの解法をどのように検討させ，まとめていけばよいのか。

2　解法の多様性の原理

　算数科でねらっているものは，「過程（解法）こそ答えである」という場面が多い。どんな問題でも，その答えが重要なのではなく，その他の類似の問題をも解くことができるようにするために，その解法，つまり，過程（考え得る着想，及びその論理展開のあり方）が重要なのである。そして，一般には，その解法は，優劣を別にすれば，多様にあるものである。

　子どもは，とかく「算数とは一つの具体的な問題について答えが出れば終わりである」，「答えや解き方はただ一通りしかない」といった誤った考えを持ちがちである。それは，従来の求答重視の指導によるものと考えられる。

　この立場に立つ限りは，そこでは，結果だけが唯一大切なものとされ，子どもは単に結果としての知識のみを断片的に教わろうとしたり，受け身的なとりくみに終始したりしがちになるものである。

　したがって，個々の子どもが自分なりに真剣に考え出した多様な解法を積極的に生かしていく構えが教師の側に望まれるところである。個を生かすという立場からも，早急に解法の優劣をつけてしまうことは慎まれなければならないことである。

3　妥当性・関連性・有効性・自己選択性の原理

（1）　着想レヴェル，過程レヴェル，関連・共通レヴェル，有効レヴェル

　このような多様な解法を生かしていくためには，それらの検討をどのように進めるかということについて，よく考えておく必要がある。

第6章／練り合い・練り上げ指導の改善——4つのステップ化——

個々の解法について子どもたちが問題にしてくるレヴェルは，個々に異なる。まとめると，大体，次の4つに分類できる。

> ① 解決のための着想（アイディア）に従うと解決（解）にいたるのかどうかというレヴェル〈アイディアそのものの是非〉（着想レヴェル）
> ② 着想が妥当だとすれば，その着想と解決過程（論理展開）とが整合しているかどうかのレヴェル（過程レヴェル）
> ③ 解法相互間で互いに関連・共通する解法はどれかのレヴェル（関連・共通レヴェル）
> ④ 解法相互間で相対的に有効な解法はどれかのレヴェル（有効レヴェル）

①の着想レヴェルでの検討とは，解法個々における着想（アイディア）は追究問題を解くのに妥当（ふさわしいもの）であるかどうかということである。

②の過程レヴェルの検討とは，解法個々において，その着想で取り組んだ場合に，途中の解決過程（論理展開）は妥当である（整合する）かどうかということである。

③の関連・共通レヴェルでの検討とは，解法すべてを射程距離に置き，「それらのなかに見られる共通の考え・手続きは何か」，「解法それぞれのよさは何か」について検討をしていくものである。

④の有効レヴェルでの検討とは，③と同様に解法すべてを射程距離に置き，「それらのなかから取り出せるより有効な（卓越した）解法はどれか」，「よりよい解法にまとめ上げられないか」について検討をしていくものである。

①と②は個々の解法における妥当性（正しさ）の問題であり，③と④は解法すべてを射程距離においた上での相対的な有効性の問題である。したがって，少なくともこの二つの問題は，一緒に検討できないものであり，この順に，しかも別々に取り扱われなければならないといえる。この段階を経ることをしないで，いきなり，出された解法相互における有効性を問題とするこ

とにより，有効性の視点から切り捨てられた，いくつかの解法は，たとえ着想としては望ましいものであったとしても，日の目を見ることがないままとなってしまうからである。

したがって，解法における着想ないし解決過程（論理展開）の妥当性と解法の有効性とを，同じレヴェルの問題として区別することなく一緒にして（ごっちゃにして）検討させることをしないで，分けて進められるように配慮しなければならない。個々の子どもの解法の着想を生かした上で，よりよい解法に収束させていくステップをふむようにしたいものである。

(2) 妥当性の検討

> ここでは，自力解決した一つひとつの考えについて，それが論理的に筋道立っているかどうかを検討する。もし，考えが論理的に矛盾していたり，結論の導き方が間違っていたりすると，その考えはその場で修正される。

解法の妥当性の検討では，解決（解）にいたる解法はすべて認められ，それらを理解・習得させるようにしたいものである。これらは，互いに他の解法の正しさの裏付けになると同時に，互いのよさ（長弱）の比較・検討をも容易にするものである。

(3) 関連性の検討

> ここでは，論理的に筋道立っていることが確かめられた考え，あるいは検討により修正された考えを比較し，互いの考えの共通性や関連性ないしは長弱・特徴（よさ）を検討する。

この段階にあっては，解法相互に見られる解法や手続きの仕方の共通性に着目してまとめ・関連づけたり，それぞれの考えの長弱・特徴（よさ）に目

を向けたりすることが重点となる。

　検討の方向については，事前に，

> ○　関連・並列化（独立的な扱い，それぞれの差異とよさ）
> ○　統合化（共通のアイディア）
> ○　構造化

などの視点（方向）のうちのどれに該当するかを明確にし，その視点に沿った検討が促されるよう発問を十分に吟味しておくことが大切である。

　個々の考えを比較することにより，それぞれの特徴・差異を端的に表すネーミングも可能となる。

（4）　有効性の検討

> 　ここでは，「簡潔さ」，「発展性」等の観点からそれぞれの考えのよさや不十分さを検討する。

　算数科では，そのまま，ないしは修正・補完によって認められた妥当な，複数の解法がラインナップした段階に留まることなく，さらにより合理的な方法へと収束を図る必要のある場合が多い。解法相互における有効性を問題とする場合である。この場面においては，新たな視点から比較・検討を促すこととなる。

　この段階にあっては，よりよい解法を選び出すことが重点となる。ここで大事な点は，比較・検討を促すための新たな視点に気づかせるということである。新たな視点にどう気づいていくかは，子どもたちのなかから出されてくる場合もあろうし，また，教師提示の場合もありうる。

　検討の方向については，事前に，

> - 簡潔性
> - 明確性
> - 効率性
> - 発展性

などの視点（方向）のうちのどれに該当するかを明確にし，その視点に沿った検討が促されるよう発問を十分に検討しておくことが大切である。

妥当性の検討で，個性ある，多様な解法が発表され，承認される。個々の解法が，それぞれに素晴らしい，多様な方法の一つとして認められる。それにもかかわらず，ややもすると，その後に続く同じ時間（帯）のなかで有効性の検討の段階にまで入り，どれがいちばんよいかというような結論を出してしまうことがある。すると，新たな視点のもとでの検討とはいえ，これまでに承認されてきたいくつかの妥当な解法が直ちに否定され，「つぶされた」という印象を与えてしまいかねない。その解法を発表した子どもにしてみれば，「自分の解法は何だったのか。」ということになってしまう。

個々の，妥当なものとして認められた解法をみんなの共有財産として実感させるためには，それに浸るある程度の時間が必要である。

したがって，可能な限り，妥当性の検討と有効性の検討は時間を別個にしたいものである。

これら3つの場面の指導をていねいに扱うことは，妥当性や関連性及び有効性の検討を有意義に進めるばかりでなく，検討の仕方を学ばせることにもなる。

(5) 解法の自己選択

> ここでは，それまでに検討したことを参考にしたり，提示された問題を解いたりして，最もよいと思う考えを自分なりに選択する。

有効性の検討を通すなかで，最終的にどれか一つにまとめていこうとする場合，教師の努力にもかかわらず，必ずしも帰着させたい結論へと全員が納得して到達するとは限らない。必ずしもどれか一つの解法にうまくまとまらない場合も往々にしてあるものである。

　このような場合，無理やり教師の考えている方向へと引っ張ることは危険である。あくまでも，それに向けて，子どもたちの納得のいく形で検討させていきたいものである。最終的には，これらの検討を通して子ども一人ひとりが自分の判断で自分の解法として選ぶこととなる。そのような選択の可能性も尊重すべきである。

　自分のものとして真に身につくものは，自分なりの根拠をもって本当に納得したものだけだからである。その子ども本人が選択した解法は，本人にとっては，その時点における最高の結論なのである。

　その後，いろいろと問題を解いていくなかで，自分なりの納得をもって自己選択を変更してくることを期待することとなる。この意味でも，それまでの，解法の妥当性の検討や有効性の検討をおいては，それぞれの解法や意見をできるだけ理解させ，それらの解法を自分のものとして使えるようにしておくことが大切にされなければならない。

　また，この段階は学習の振り返りの時間としても重要である。

4　練り合い・練り上げ指導過程の改善

　これまでのことをまとめると，練り合い・練り上げの指導過程は4つの段階を考慮に入れることによって，有効に展開することができると言える。

　各段階の指導の要点をまとめると，次のようになる。

妥当性の検討	・多様な解法個々について，その解法の前提となる考えや着想は何か，またその前提に誤りはないかを問う。 ・着想と解決過程とが整合しているかどうかを問う。 ・論理的に筋道立っていれば，一つの考えとして尊重する。 ・考えが正しいかどうかは，適宜具体的な操作などもとり入れ，確かめさせる。 ・できるだけ多くの解法を体験させる。（浸らせる・追体験）
関連性の検討	・多様な解法全体を射程におき，個々の解法について着想や操作などの特徴（差異）に着目させ，そのことが表れるネーミングをさせる。 ・関連性の視点から見つめ直し，比較検討させる。（関連・並列化，共通・統合化，構造化など） ・できるだけ実際に問題を解かせ，それぞれの考えの特色（長所，弱点）を捉えさせる。
有効性の検討	・有効性の視点から見つめ直し，比較検討させる。（簡潔性，明確性，効率性，発展性などの観点から考えのよさや不十分さを検討する） ・特殊な場合を想起させ，その場合でも解法が適用できるかどうかを吟味させる。 ・それぞれの立場から自由に検討させるが，無理にまとめようとはしない。
解法の自己選択	・ねらいにせまる解法が有効に働く問題を提示し，複数のやり方で実際にやらせる。 ・自分なりに最もよいと思う解法を選択させる。 ・なぜその解法を選択したのかの根拠をはっきりさせておく。

第7章／コミュニケーション活動への支援のあり方

1　コミュニケーション活動への着目

（1）　従来の授業とめざすべき授業

　これまでの授業づくりにあっては，主体的な授業づくりに留意しながらも，結果として，ややもすると，教師から児童への一方的な教え込みの形になってしまうことが多く見られた。全員に，学習の過程よりも，学習内容（頂上）だけはしっかりと身につけさせようという方向があまりにも強かったためである。話し合いをさせても，形だけの簡単なコミュニケーションに終始するだけで，「いいですか→いいです」式程度のものにすぎなかった。

　これでは，獲得させようとする知識・理解・技能や考え方は，真に生きて働くものとはなり得ない。主体的な授業づくりをめざすためには，もっと別な問いかけや反応を追い求める必要がある。

　これからの授業づくりにあっては，双方向的なコミュニケーションが重要である。できるだけ頂上に近づこうとしながらも，プロセスを重視し，個々の学びを重視していきたいものである。生き生きと学ぶ姿は，このような授業のなかから生まれるのである。授業のなかでの自己実現が可能となり，そこから学習のエネルギーが生まれるような授業づくりをめざしていきたいものである。

　授業をコミュニケーション過程として位置づけることにより，次のことも可能となる。

① 　多様・多面的な見方・考え方を伸ばす。
　（「こんな見方・考え方もあったのか」の気づきにより，自分を拡げる）
② 　友だちに対する見方を拡げることにより，豊かな人間関係を築き，拡げ

る。
（「この人はこんな見方・考え方もするのか」への気づき）
③　コミュニケーションによる自己実現を可能にする。
（コミュニケーションを楽しむことにより，自分を高める）

（2）授業改善の視点としてのコミュニケーション活動

　双方向の授業を創るためには，お互いにコミュニケイトする姿，かかわり合い発言をつなげる姿を産み出すことである。

　これまでの授業では，ただ単に，多様な考えが出ればよしと考えたところがありはしないだろうか。そのため，多様な考えを無理に出そうとし，期待したものが出ないと「まだないか，まだないか」の連呼を導き，結局，しばし沈黙の状態に陥ってしまうこととなる。

　双方向の授業づくりにあっては，次のことが大切にされなければならない。

○　子ども主体の授業を構想し，子どもにおけるコミュニケーションを成立させるよう支援する。
○　低学年ほど教師の支援・支えが必要である。高学年になればなるほど，自分の力で問い合い，説明し合うことを目標とする。

　多様な考えを練り合う4つのステップ（前章）との関連において，特に次のコミュニケーション活動が重要である。

---
①　真意をたずね合うコミュニケーション
②　つなげ，くくり，つけたし合うコミュニケーション
③　ずれを意識し，こだわり（自分の考え）をぶつけ合うコミュニケーション
④　よさを認め合うコミュニケーション
---

2 大切にしたい4つのコミュニケーション活動

(1) 考えのたずね合い——真意をたずね合うコミュニケーション——

　個々の考えを発表し合う段階では，その考えに至ったその子なりの真意をたずねて，理解し合うことが大切である。他の考えを筋道立ったものとして理解しようとする方向をめざすものであり，お互いに個々の考えに対して分かりにくいところやこだわりを出し合い，真意を聞き合うものである。

　ここでは，個々の考えの妥当性・無矛盾性（着想・アイディア，筋・論理展開との整合性）やたとえ間違ったものでも着想・アイディアを大事にしてできるだけうまくいくように生かすことが重視されなければならない。

　これまでの授業では，考えの筋道に少しでも間違いや劣っている点があるとぐさぐさと指摘してくる面があった。有効性という視点からではなく，真意を大切にしながら，筋道立っているかどうかを検討する方向にまず目を向けるようにしたいものである。「分かろうとして聞く」姿勢が大切である。

　どういう筋道を経てその考えにたどりついたのかについて，ていねいに聞いていこうとするコミュニケーション活動を導くよう支援していくことにより，他の考えを大事にし，できるだけ生かしていこうという姿勢も育つ。コミュニケーション活動を通すことにより，不十分な考えのなかにも，着眼点のよさを見いだしたり，不十分さを補充したりしていけることを期待したい。

(2) 考えのつなげ合い——つなげ，くくり，つけたし合うコミュニケーション——

　この段階は，妥当と承認された，多様な考え相互の関連について検討するコミュニケーションの場面である。関連性を明確にしていくコミュニケーション過程にあっては，解法相互における着眼点やアイディアの共通性や違いに目を向けることにより，考えをつなげながら似たもの同士に分類してみたり（構造化），一緒にまとめたり（統合化），相互の比較によりそれぞれのよさ（長所・弱点）を明らかにしたり（独立・並立化）することが可能となる。

互いの考えを補い合うことによって，いくつかの考えが一つの考えにまとまる（合体・統合化）こともある。

（3） **ずれの練り合い――ずれを意識し，こだわり（自分の考え）をぶつけ合うコミュニケーション――**

　有効性・効用性（簡潔性，適用可能性，発展性など）などの視点から多様な考えを検討することにより，考え相互に見られるずれを意識し，こだわり・自分の考えをぶつけ，考えを練り合うコミュニケーション活動が展開される。

　この段階は，妥当性や関連性の視点から整理された多様な解法を新たに有効性という視点から見つめ直し，どの考えが最も有効であるかを互いに主張し合うものである。

　違う数値や条件の場合だったらと仮定し，共通の規準で検討することにより，長所・弱点が明確になる。その規準が反例として機能し，議論を大きく前進させることも多い。個々の解法から少し距離をおくことにより，解法全体を問題とし，新たな視点から見つめ直すメタ思考を促すのである。

（4） **よさの認め合い――よさを認め合うコミュニケーション――**

　検討したことを見つめ直し，自分なりの考えを選択する段階においてもコミュニケーション活動は重要である。

　この段階は，よさを認めて，考えを味わい合う段階であり，選択に際しての自分なりの根拠を明確にし，披露し合うことは，相互の理解をさらに深めることとなる。

　ここでは，獲得した知識・理解・技能だけではなく，解法のよさ，着想・アイディアのよさ，発表・説明の仕方，検討方法のよさなど，数学的な考え方やコミュニケーションにかかわる部分についても振り返り，まとめるようにする。

　自己内コミュニケーションとして，よさを味わい，自分なりにまとめる場面も大事にしたいものである。

3 大切にしていきたい子どもたちの言葉

多くの子どもたちは，自分の考えをどのように持ち出していったらよいのかについて戸惑いが見られる。また，どのような方向でコミュニケーションを進め，練り合い，練り上げていったらよいのかについての見通しももっていないのが現実である。

したがって，各指導段階では，どのようなコミュニケーションを進めていけばよいのかについて，意図的，計画的に指導していくことが重要である。

各段階におけるコミュニケーション上の言葉として，それぞれ次のような表現を自由に駆使できるようにしていきたいものである。

実際の指導にあたっては，指導学級の実態に応じて重点化を図りながら指導していくことが大切である。

1	真意をたずね合うコミュニケーション

○○○のところがよく分からなかったので，もう一度説明してください。
○最初に，○○を△△のようにやりました。次に，・・・して，最後に・・・したらうまくできました。
○どうしてひらめいたのですか。
○そう考えたわけは何ですか。（わけ，根拠）
○ぼくの目のつけどころは・・・。
○前に・・・を勉強したでしょう。それをこう使って，・・・。
○・・・だから，・・・です。
○○○君の考えの訳を説明します。
○○○君の発表につけたしをします。
○○○は，△△なっているのでいいです。（妥当性の検討）
○○○のここを・・・直すとうまくいくと思います。

| 2 | つなげ，くくり，つけたし合うコミュニケーション |

○○○は，ここに特徴があるので，△△と名前をつけておくと違いが分かりやすいです。（ネーミング）
○○○と△△は，同じ仲間です。
○○○と△△の考えは，同じ考え方をしています。
○○○と△△の考えは，図（数直線，線分図）に表してみると同じ構造（同じ考え）になります。
○２つの考えは少し違いますが，ここから考えればまとめられます。
○この考えに，一つつけたします。
○○○の考えと△△の考えを合体させれば，こんな考えができます。

| 3 | ずれを意識し，こだわり（自分の考え）をぶつけ合うコミュニケーション |

○○○と△△とはここがちがうよ。○○の考えの方が答えを速く求めることができます。（確実で間違いにくいです。）
○○○までは同じだけど，△△からちがうよ。だから，・・・。
○こっちの式の方が簡単です。
○こんな時は（数が大きくなると，もしここが○○だったら），この方法は使えないよ。（反例，他の場面・数値の提示）
○○○の考えは，別の場面でも使えます。
○ここが気にいっています。その訳は，・・・。
○この考えがいちばんいいです。その訳は，・・・。
○私がいちばん言いたいことは，・・・です。

| 4 | よさを認め合うコミュニケーション |

○この考えは，・・・ので，すごいと思いました。
○この考えのひらめきに驚きました。
○○○の考えと△△の考えがとても分かりやすかったです。
○○○方式の・・・のところが気にいったので，自分の考えにいただきます。
○これからも，この考えは使えます。
○○○式と□□式の２つが大切です。
○説明のしかた，検討のしかたで，○○のようなしかたを見習いたいと思います。

4　コミュニケーションと７つの型

　これまで述べてきたように，考えの多様性の類型化に応じたまとめ方，練り合い・練り上げの段階別指導のあり方，及びコミュニケーション活動の重視という，３つの視点（５章・６章・７章）を総合すると，次のような比較検討の場面を構成することとなる。

　練り合いの４つのステップは思考方法（解法）の比較・検討に大いにかかわるものではあるが，思考結果（解）おける多様性の場合でも，妥当性の検討や関連性の検討の場面は重要である。

多様性のタイプ別における練り合いの進め方

比較検討の段階	コミュニケーションの様相	独立型	序列型	統合型	構造型	Ⅱ① 個別型	Ⅱ②③ 概念型
①妥当性の検討	〔考えのたずね合い〕真意をたずね合うコミュニケーション	○	○	○	○	○	○
②関連性の検討	〔考えのつなげ合い〕つなげ，くくり，つけたし合うコミュニケーション	○ 長弱・特徴	○ 長弱・特徴	○ 統合化	○ 構造化	△	○ 構造化
③有効性の検討	〔ずれの練り合い〕ずれを意識し，こだわり（自分の考え）をぶつけ合うコミュニケーション	／	○	○	○	／	／
④解法の自己選択	〔よさの認め合い〕よさを認め合うコミュニケーション	○	○	○	○	／	／

※「○」は該当する，「△」は該当する場合もある，「／」は該当しないを意味する。

第8章／まとめ・振り返りの段階における工夫

1 「発見」のまとめ方

　具体問についてのまとめ上げから，追究問題に対しての一般的・普遍的なまとめ上を意識した活動に進めていくことにより，追究を構成した時間のねらいの達成が図られるのである。

　そこでのまとめ上げは，追究問題に照らし合わせてまとめるようにさせるようにしている。あくまでも，子どもたちみんなで創り上げたものを中心にして，学年段階に応じて次のように「発見」にまとめ上げるようにしている。

```
低学年――教師とともに（教師のリードで）
中学年――教師とともに（子どもたちに少しずつまかせてみる）
高学年――子どもたちを中心にして（ずばり出させたり，いくつかのな
　　　　　かからまとめたり，選択させたりする）
```

　また，追究の仕方や考え方，発表の仕方，検討のしかたなどについてまとめておくことも大切である。したがって，ストラテジーとして今後に残したり，直接的なねらいでなくても，すばらしい気づき（副産物としての発見）があったりした際には，補助的な発見として別枠で「発見」を追加することも大切にしている。後に追究場面や発表・検討場面に大きく生きてくるものである。その結果，「発見」が複数個にまとめられることもある。

2 意識の連続的な展開を図るための工夫

　学習の終わりの段階で，新たな問題に目覚めさせることは，追究意欲を次

時以降につなぐためには大切なことである。

そのため，できるだけオープンな形で終わるようにしている。

そこで得られた成果の適用可能性（有効性）や限界を問題にしていくことにより，子どものなかに新たな追究意欲が生ずると考える。

したがって，一つの追究問題の解決の終わりには，

---
① 振り返りノートの利用（子どもたちの気づき）
② 否定的なデータの投げ返し（数値を拡張したり，程度を高めた問題）

により，新たな問題に気づかせたなかで終わり，次時につなげていくことも可能となる。

(例) 6年「対称な図形」での実際

点対称の学習（9／15）で，次の追究問題

【追究問題】

半分に切って，180°回して重なる図形をいろいろ作ってみよう。

に対応して，次の発見

【発見9号】

点対称な図形は，二枚の紙を重ねて合同な図形を切り抜き，切り口の直線の真中を中心に片方を180度回転すればできる。

が生まれた。その時の「振り返りノート」の「次に学習したいこと」の欄には，次のような記述がみられた。

【振り返りノートより】

1 点対称を見つける。（Y雄）
2 回りのもので点対称な図形を探してみたい。（S子）
3 点対称な図形には，どんな特徴があるか。（Y男）

> 4　点対称な図形の性質を調べたい。（H雄）
> 5　対称な図形（点対称，線対称）の似ている点はどんなところか。（N美）

　次の時間のスタートは，ここから切られ，「学習の順序」をみんなで検討していくこととなった。話し合いの結果，1と2，3と4がまとめられ，点対称と分かっているものの特徴・性質調べ（切ったり回したりしないで点対称な図形と分かる方法はないだろうか）→点対称な図形探し→点対称図形のかき方→線対称と点対称の共通性の検討という順で学習が展開していく大筋ができ上がった。長い単元の中間での見通しが自分たちでつけられたことになる。

3　自己評価活動と自己評価能力

　授業のなかにおいて，数学的な見方・考え方として，内容理解に直結する，核となる数学的な見方・考え方のほかに，もう一つ，それを側面から支える，態度としての数学的な見方・考え方ともいえるべきものがあると考える。

　たとえば，既習経験を生かす姿勢，具体的な操作活動を生かす姿勢，論理的に考えようとする姿勢，統合的に見ていく姿勢，見通しを持ってとりくむ姿勢等々である。

　数学的な見方・考え方を重視する立場からは，この意味での数学的な見方・考え方も大切にしていかなければならない。

　この態度としての数学的な見方・考え方の基盤がないと，核となる数学的な見方・考え方も子どもの発想として十分に生きて働くものとはなり得ないと考える。この態度は，常日頃から意図的に養い，身につけていくようにされなければならない。

　これらの態度としての数学的な見方・考え方を鍛えるには，絶えず繰り返される自己評価活動におけるチェック項目のなかにそのような観点を組み込

むことが有効であると考える。

(1) 自己評価活動が日常化する子ども

自己評価能力（自己反省力・自己認知力）を身につけさせるために，自己評価活動を重視する。

到達度（内容・結果）の，教師サイドのチェック的意味合いよりも，あくまでも主体的な振り返りとしての「活動そのもの」に重点を置いたものとする。

自らの学び方に対して反省を迫ることにより，自らの「学びたい・伸びたい」という願いを思い起こし，それに向けて努力する気持ち（自ら学ぼうとする態度）を引き起こし，主体的な学びの態度を醸成していく。

子ども自らが，主体的にふり返ることにより，学習に対する参画意識の高まりだけでなく，学習を発展的につなげていこうとする見方・構えを醸成することにもなるのである。特に自由記述の項目は，1時間1時間の授業の終わりが，次へのスタートとなり，思考を発展的につなげていくことに役立つものである。

(2) 自己評価の方法

方　法	内容・作成の観点・使用上の留意点
自己評価ノートの記入	① できるだけ短時間で記入できるもの　　　　　　　　＜時間＞ ② 毎回規準（項目）を変えるのではなく（自己評価態度の養成という点から望ましくない），常に同じ規準で，自分の内的基準に基づいて振り返られるもの　　　　　　　　　　　　　　　＜規準＞ ③ 指導者側で具体的な数値としての基準を設定するのではなくて，児童自ら主体的に，個人内相対評価（自分の以前の姿との関連で）として振り返られるもの（観点2，6のように数値の入るものも） 　　――学習が自分ですすめられているか――　　　　＜基準＞ ④ 「次に何に向かってどのように努力するか」という自分なりの決意を表明できるもの ⑤ 単元，及び月・学期・年を通して見られるもの ⑥ 前時以前の評価との比較が容易な表組み形式

第8章／まとめ・振り返りの段階における工夫

	⑦　保存性のよいもの（袋綴じ冊誌の体裁で，評価の累積化） ＜使用上の留意点＞ ①　時には，授業内容ないし残り時間の長さによって，教師による項目の増減の指示も考慮する。（右ページの記述欄のみの用紙を使用のこともあり──詳細は10章の4） ②　時には，より客観的な捉え方をさせるために，テストなどの自己採点をさせた上での総合的な自己評価として使用していくことも考慮する。
学習作文・学習レポートの作成	自分なりに単元の学習を全体的に振り返り，反省及び残された課題，今後に発展させていきたい課題（家庭学習含む）等について考察を加えたもの（中高学年中心） （※「算数日記」として記述する場合もある）

「自己評価ノート」（高学年用）の形式と「学習作文」の実例を，以下に示しておく。

＜自己評価ノート・高学年用＞

```
ふり返りカード              （算数5・6年用）
   月  日 →   月  日   名前
           番（                           ）
              ＜↓◎・○・△でふり返ろう＞

 *      観   点  （かんてん）    ／ ／ ／ ／ ／
 1  学習問題がはっきりと分かったか。

 2  自分なりの考えを持つことができた
    か。
            〔（ → ）通り〕〕 個 個 個 個 個
 3  自分なりにわけを考え，よりよいも
    のを選んだり，共通する考え方を見
    つけることができたか。
 4  新しく学んだことが分かったか。
 5  今日学習したことが使えそうな，別
    の問題（数や条件の変わったもの）
    についても考えることができたか。
 6  手をあげて，自分の考えを発表しよ
    うと努力したか。
            〔発表（ → ）回〕 回 回 回 回 回
 7  自分のがんばりに満足できたか。
                  （      ）
```

項 月 日	感想と反省 （うれしかったこと，感動，感 心したこと，困ったことなど）	次に学習したいこと 次にやるべきこと ＊思いついた問題＊なども＞
／		
／		
／		
／		
（　　）		

(例)　学習作文（6年「対称な図形」より）

【S子の振り返り作文より】

　　　　　　　　対称な図形の勉強をして

　この対称な図形の勉強は，紙を切ったり，折ったりしたので楽しみながら勉強ができました。

　線対称な図形を見つける時も，切り抜いて折るというのが何だか面白かったです。点対称も勉強して，（図形の中には，点対称でもあり，線対称でもあるものもあるんだなぁ）と分かりました。

　いろいろな追究問題が出てきて，これは少し難しいと思ったのもありました。それは，「動かさないで（切ったり，回したり，重ねたりしないで）点対称な図形と分かる方法はないだろうか。」などです。対応する辺や角を調べるなどして，やっとできました。私は，分からなくて自分の意見を出すことができなかったのが残念です。

　でも，発見や，他の人の考えが出て，いろいろなことが分かったし，参考になりました。

　図形を切ったりするのも面白かったけど，線対称な図形や点対称な図形で模様を作ったのもよかったです。包装紙などのマークに，線対称のものや点対称のものが多いことも分かりました。

　この勉強をマーク作りなどにも役立てていきたいなぁと思います。

第9章／考える力をつけるノート指導

1 3種類のノート

　算数の学習では，ノートを機能別に分けて使いたきものである。少なくとも2種類ないし3種類に使い分けたい。

　「考え方」のノートと「ふり返りノート」，そして「計算練習」用のノートである。「ふり返りノート」は，特製の「自己評価ノート」として前章で既述したものである。時々の使用の場合には，「考え方」ノートにその都度の用紙を貼り付けていくことも考えられる。その他に書かせるものとしては，教科書がある。教科書は，練習問題の問題集でもあり，またその答えを書き込むノートにもなるのである。

　分けて使っているのは，考える力，自己評価活動，計算練習のそれぞれを大切にしたいからである。特に，学ぶ力，考える力を育てたいからである。

　考え方をその場限りのものに終わらせたくないからである。すべてごちゃまぜのノートでは，本当のノートの機能を発揮できなく，ただの計算用紙にすぎない。後でのふり返りにも供しにくいものである。

　考え方専用のノートを別にすることにより，学習のなかでみんなで生み出した考え方は，考え方の宝庫として，大いに活用できる状態にしておけるのである。

2 「考え方」ノートの使い方

（1）　考えるために書く

　ノートは，考えるためのものである。きれいに何かを書き写すだけではない。問題に対して，自分が真剣にとりくむ戦場ともいえるところなのである。

考えを進めるには，書くしかないのである。書くことによって，いろいろな考えが次から次へと出て来るものである。これはどうかあれはどうかと頭のなかだけで考えていたのでは，限界がある。ある程度以上は，考えが進まないのである。ひらめきも，より考えを進めて，うまい解法につながることがよくあるものである。頭のなかだけでノートにとどめないでいると，そのひらめきも，ていねいな検討のいとまもないうちに消滅してしまうのである。

　宝がこぼれ落ちないように，ノートには，自分の考えをどんどんと書いていくようにしたいものである。

　ノートは，考えの参謀本部なのである。追究する問題を攻略する，正に作戦会議の舞台なのである。

（２）　自分の考えを残す

　ノートには，自分の考えの道筋が残るようにしたいものである。単純なケアレスミス（書き間違い）は別として，自分が真剣に考えて書き込んだ考えはたとえ間違っていたり，途中でつまずいたものであっても，大切にするようにしたいものである。

　着想や数学的な見方・考え方を身につけ，高めるという観点からみれば，どれも大切なものである。また，どこをまちがえたかの過程をふり返る上からも大切である。今までの考えをこう使うと，どうしてもここでこのように行き詰まるのだが，どうしてこうなるのかということを，疑問という形で発表することもできるのである。また，それが起爆剤となって，子どもたちの思考が飛躍的に発展することにもなる重要なつまずきともなる。これまでの学習の限界が見え，それを乗り越えようとするのである。

　とかく子どもは，行き詰まったり，最後の結果（答え）が違ったりすると，すぐに消しゴムを使い，消してしまいがちである。それでは，せっかく考えたものが全くの無と化してしまうのである。もったいないことである。

　学習のなかで，そのような考えも，できるだけ位置づけていくようにしたいものである。

「どんな考えでも宝だ，だから消しゴムは使わないことにしよう。」ということを，折りにふれて指導していくことが大切である。

この意味で，自分のノートは，自分の考えの歴史をとどめた貴重な宝である。世界にただ1冊しかない自分だけの宝となるのである。

（3） 学習の道筋が分かるように書く

学習は，みんなで創り上げるものである。また，ノートもみんなで創り上げるものである。

みんなで創り上げられた学習の道筋が分かるようにしたいものである。そうすることにより，後でノートを見返しても，学習が1セットとして思い浮かべることが可能となる。そんなノートづくりをさせたいものである。

学習過程に沿った流れが，そこに表れるように書くことは，学ぶ力を育てる上からも大切なことである。

既述の学習過程と大体対応し，次ページの図のような記録となる。ただし，ページは1ページにとどまらない。

導入の問題を通して，追究すべき問題に気づき，それをみんなの問題として創り上げていく。その創り上げられた問題が，新しいページの最初に書かれるようにする。

その追究問題が，例えば「□□×□の計算も，□×□のようにできるだろうか」のように一般的な解法をねらっている場合は，具体的な問題（具体問）として，導入の問題などのなかから「14×3」を選び出し，これについて具体的に考えてみようということになる。

具体的な問題や，予想については，必要に応じて書き込むものである。

自力解決，友達の考えの発表，練り合い・練り上げでの意見やメモは，特に大切にしたいところである。そして，最後に，追究問題と照らし合わせてのまとめを考え，全体でまとめることとなる。

そのまとめを，発見というかたちでまとめるとよい。単元のなかでの番号も通しでつけると便利である。「発見何号を思い出してみよう，発見何号よ

```
／（※月日）
┌ 追究問題 ──────────────────────┐
│                                │
│                                │
└────────────────────────────────┘

㊙（※具体的な問題）

㊕（※予想）

㊙（※自分の考え）


㊕（※友達の考え）
〔○○〕（※発表者名）

�希（※自分なりのまとめ）


┌ 【発見○号】 ────────────────────┐
│                                │
│                                │
└────────────────────────────────┘
㊔（※ふり返り）
```

り・・・」というように後に生きるものとなる。

　大きな単元では，20号余りまでいくこともある。また，分数や小数のかけ算・わり算では，かけ算のものとわり算のものとがうまい具合に対応するようにもなる。

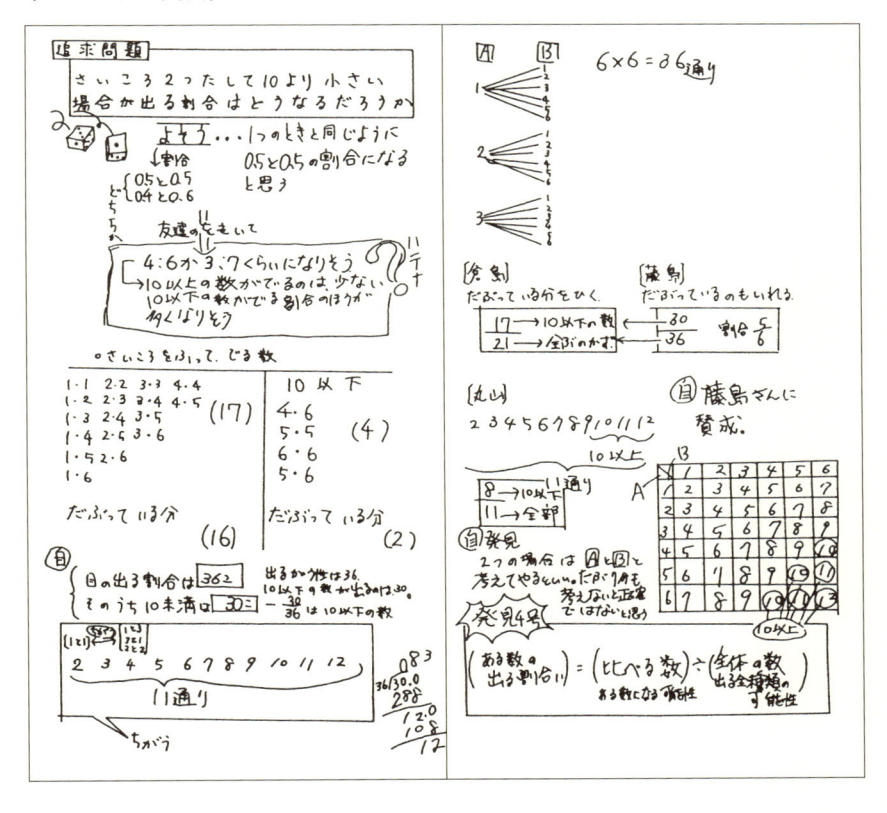

第9章／考える力をつけるノート指導

〔※ノートの実例〕

第10章／「自ら学ぶ力」が育つ追究のさせ方

- 多様化・個性化の時代
- 知識受容・習得型から知識獲得型の学習へ
- 問題提示型から問題設定・問題創造型の時代・学習へ
- 指導から援助へ

これらの合言葉の意味することは，これからの時代を見据えたものであり，これからの教科指導で大切にされなければならない方向である。

算数科の学習指導にあっても同様である。このような方向をめざす指導を考えていきたいものである。

1 「自ら学ぶ力」とは

「自ら学ぶ力」，それは端的には次の2つであると考える。

（1） 思考の方法
（2） 実践的な態度

「思考の方法」とは，問題の解決に向けての思考を誘発し，思考を深めていくための見方・考え方である。数学的な見方・考え方の根底にあるものであり，この思考により，数学的な見方・考え方も誘発されてくる。

「実践的な態度」とは，それ以後の学習や生活の問題に対して取り組む時に必要とされる自主的な態度である。

この「自ら学ぶ力」は，日々の学習・生活の中において転移し，方法として生きてくる学習能力・態度である。

これらは，基礎的・基本的な知識・技能や学習技能と同様に，学習の能力

として身につけさせていかなければならないものである。

これら2つのものは，問題解決的な学習を実際に体験することによってのみ身につけ，育てられていくものである。

したがって，問題解決的な学習を通して，次の3つの指導がなされなければならない。

（1）　「思考の方法」を身につけさせる。
（2）　「実践的な態度」を育てる。
（3）　それらの意識的な蓄積を図る。

2　どのような「思考の方法」か

学習において，子どもは，もっている知識を整理したり，必要に応じて新たな知識を組み入れたり，あるいは，それらの知識を使っていろいろと考えをめぐらしたりして，子ども自らが問題を見出し，自らの力で解決策を見つけ出して，結果として，新たな「知っている」という状態を創り出す。

この，知識を整理したり，組み入れたり，使ったりするときに，子どもは，例えば，次のような「思考の方法」を働かせる。

・「もし～ならば，～となる。」と仮定する。（仮定する）
・「～は○○になっている。だから，～は△△なのではないか。」と推量する。（推量する）
・○○と△△とを比較して，その違いから～であることが分かる。（比較する）
・比較し，仲間同士に分類してみる。（分類する）
・「○○からみれば～だけれども，△△からみれば～である」という見方をする。（視点・観点を変える）

- 「～にあてはめると～になる。」と一つの尺度にあてはめて考える。（共通の基準でみる）
- ○○と△△がどのように関係しているのかを考える。（関係を問う・関係づける）

このような「思考の方法」を授業のなかで誘発し，実際に使って思考を深める経験を通して，使えるものとして身につけさせていかなければならない。

3 どのような「実践的な態度」か

学習で得た知識・方法をそれ以後の学習や生活のなかで進んで使っていこうとしたり，さらに別の視点から問い続けていこうとしたりする姿は，理想とする子ども像の究極の姿である。「実践的な態度」として表れた姿である。

算数科における問題解決的な学習場面に即して，より具体的な様相として捉えると，次のようになる。

ア　学習の計画を立て，順序よく考えていこうとする態度
イ　多様な解法を理解し，進んでそれらを使っていこうとする態度
ウ　それぞれの解法のよさを自覚し，問題に応じて使い分けていこうとする態度
エ　自分なりによりよい解法を選び，進んでそれを使っていこうとする態度
オ　原問題をもとに，発展問題を作り，その問題も同じようにできるのかどうかを考えていこうとする態度
カ　友達の着想や検討の仕方のよさに着目し，それらを進んで使っていこうとする態度

4　授業でどのような追究をさせるか

　このような「思考の方法」・「実践的な態度」を身につけ育てていくために，実際の指導のなかでそれらを大いに働かせる場面が必要である。そのために，次のような指導を構想し，繰り返し実践していくことが重要である。

　一つの問題（追究問題）に対するちょうどよいまとまりの学習（一～数時間）において，次の働きかけをする。

---

① 「知っていること」だけでは容易に解けない未習の問題と既習の問題との間のギャップを自覚させる問題提示をする。

② 解決の糸口に気づかせる働きかけをする。

③ 解法の筋道（着想，その論理展開）の妥当性を検討させる発問をする。

〔それぞれ別個に発表された解法が，それぞれの着想・論理のもとで筋が通るものとなっていて，解決しているといっていいかどうかという観点で見つめる。〕

④ 解法相互間における有効性を検討させる発問をする。

〔追究の観点例〕

○それぞれの「よさ」

○合理性（多様な解法を一緒に比べてみた場合に次のような，ある観点から見てそれにより適合する解法はどれか

・やりやすい方法は？

・筆算としてアルゴリズム化しやすい方法は？　など

⑤ 検討の場面を振り返らせ，友達の着想や検討方法の「よさ」に着目させる発問をする。

　それぞれの働きかけを通して，子どもは，上述の「思考の方法」や「実践

的な態度」が促され，次のことに気づき，追究してくるようになる。

① これまでの方法をそのまま使ったのでは解けない問題がある。どうしたらよいだろうか。
　＊既習の問題群と未習の問題群とに「分類する」
② 追究問題の，これまでの問題との違い・新しさが分かった。
　＊既習の問題群と未習の問題群とを「比較し」，そこにおける異同を見抜く
　その，違っているところを克服するために，何とか工夫して，これまでの考え方を使ってできないだろうか。
　＊ここでの未発見の解法とこれまでの解法とを「関係づける」
　＊数値がこうでなかったならと「仮定する」，「推量する」
③ア）友達の考えは，自分の考えや既に発表された考えと着想や結果が違っている。その考え方でもできるのだろうか。できないとすれば，どの部分を修正すれば，うまく生かすことができるだろうか。
　＊友達の解法と自分の解法とを「比較する」
　＊「視点を変えて」他の視点に立って考えてみる
　＊他の解法と自分の解法とを「関係づける」
　＜態度（イ）に対応＞
　イ）また，自分の考えについて指摘された点は，納得できた。それでもうまく生かしていくとしたら，どの部分をどのように修正していけばよいだろうか。
　＊他の解法と自分の解法とを「関係づける」
④ア）それぞれの考えには，それぞれどんな「よさ」があるのだろうか。
　＊「視点を変えて」他の視点に立って考えてみる
　＊ある解法を他の解法と「比較する」
　＜態度（ウ）に対応＞

> イ）また，これらの考えを，より合理的な考え（ないしは，共通性）という観点から見つめた場合，どのように考え，まとめあげていったらよいだろうか。
> 　＊「観点を変えて」，新しい観点に照らして多様な解法を見つめ直し，その観点により適合する解法を選んだり，創り上げたりする
> 　　（例えば）
> 　　　・簡単に速くできる方法は？
> 　　　・筆算形式の時にやりやすい方法は？　など
> 　＊「共通の基準で」みつめ直し，統合する
> 　＊違う数値の場合だったらと「仮定し」，「共通の基準で」検討する
> 　＜態度（エ）に対応＞
> ⑤　友達のこの考え方や発表の仕方が勉強になった。今度，自分もそれらを使っていけるように頑張ろう。新しい問題でもできるかどうかも考えてみよう。
> 　＊自分の考え方・発表の仕方と友達の考え方・発表の仕方とを「比較する」
> ＜態度（カ）に対応＞

「実践的な態度」の（ア）については，単元の指導計画の導入段階に位置づくものである。また，（オ）については，可能な範囲において随時設定していきたいものである。

このような問題解決的な学習を組織し，その創造的な過程を繰り返し体験させることがキーポイントとなってくる。

そのためには，事前に，問題解決的な学習を構想し，どのような思考をどのような「思考の方法」を通して誘発させるか，また，そのための働きかけ（発問・指示）はどうしたらよいか，どのような「実践的な態度」をどこで誘発していくとよいかについて，単元に即して具体的に考え，指導構想（指

導計画，及び具体的な指導過程―働きかけ）のなかに位置づけておかなければならない。

　働きかけについて，一つ実際の例を挙げてみる。単元「分数のかけ算」のなかから，働きかけ⑤の一具体例である。

　「真分数×整数」の学習で，その計算方法を学習したばかりの段階のものである。次の項目について「アイディア振り返りプリント」（B5判）を使い，それまでの学習を振り返るという働きかけである。

1　友達のどんな考え・アイディアが勉強になりましたか。（①）
（こんなことに気づいた，発見したということでもいいです。）
2　こんどがんばりたいこと（②）
＊今日の学習の続きとして，こんなことを問い続けていきたい。
（思いついた問題そのままでもいいです。）
＊今度，こんなアイディア・友達の考えを使っていきたい。

　次のような，共に学び，実践的・発展的に考えていこうという記述が見られた。

① $\frac{2}{7} \times 3$ で 7×3 の方にしたやり方は，ぼくも間違えそうだった。でも，今城君が $\frac{2}{7}$ より小さくなるから違うと言ったのではっきり分かった。

① $\frac{B}{A}$ は $\frac{1}{A}$ がB個分ということを忘れていた。もとのいくつ分で考えていく。

① $\frac{2}{7} + \frac{2}{7} + \frac{2}{7}$ の考えがもとで，メスシリンダーの考えが出せた。

① 私は，メスシリンダー方式がいいと思った。つぎたしていけるから。

② 今度は，この方法で帯分数でもできるかやってみたい。〔学習計画とつなぐ〕

② 図を使って考えたい。また，$\frac{6}{7} \div 2$ のようなわり算も考えてみたい。

このような意識が結果として家庭学習での問い続けにつながり，自学ノートで扱われることが多く見られることにもなった。

5 意識的な蓄積をどのように図るか

実際の授業のなかでは，このような「思考の方法」や「実践的な態度」として大事にしてほしいことがより具体的な形で現れるものである。具体的な子どもの解法や発言のなかにである。それらを顕在化してやる絶好の場面である。

そのような考え方・態度が授業のなかで見られた時，それらのよさを意義づけ，大いに賞賛してやるのである。子どもたちは，以後それらを使おうとするようになる。

更に，より広く，教科特有の見方・考え方や討論のしかたとして大切な態度，学習技能的なものも含めることもできる。

その考え方・態度を端的な形で表し，例えば次の表のようにして壁面に残してやったり，その都度ノートに記録させたりしておく。子どもがそれぞれにすぐに使えるものにしておくという意味で大変効果的である。

〔考え方・考える態度として〕
① 落ちや重なりなく順序よく考える。（A介，B美）
③ 「もし〜だとするならば」の考え（C香）
④ 「たとえば」の考え
⑤ 相手の困る例を考える。
⑦ 見当をつけて考える。
⑩ 形を変えて（変形して）考える。
⑫ 見えない線を引いてみる。

⑭ そろえて比べる。（1人分，1㎡あたり，最小公倍数でそろえる）
⑮ 動かして考える。

　教師の側には，それらを見抜く眼が要求される。これなくしては，子どもたちの前に，顕在化してやることはできない。
　また，その考え方・考える態度（この場合，具体的・数学的なアイディア）を産み出すもとになった考えを発表した子どもの名前も一緒に一覧表に記録しておくとよい。アイディアとそれを生み出してきた子どもとが結びつくことによって，その内容がより具体的にイメージ化されやすいものとなる。
　時によっては「『○○さん式』（ないしは，『○○の考え』）で考えてみよう。」と促すことにより，身につけさせたい思考の方法・態度を意図的に育ててゆくことも可能となるのである。

第Ⅱ部

自ら考え
みんなで創り上げる
算数学習の授業づくり

Telling a kid a secret he can find out himself
is not only bad teaching, it is crime.

(H. Freudenthal)

第1章／「かけ算の意味」（2年）の授業づくり

1　教材の開発とは

　教材開発を考えるにあたり，「教材」の意味を明らかにしておく必要がある。

　ここでは，「教材」を，「教育内容・教科内容」と区別しておく。両者は，しばしば混同されるところである。

　この区別が曖昧だと，教材開発の意味が明確になってこない。教育内容の開発と教材の開発とでは，意味が異なる。

　「教育内容」とは，獲得させたい中味そのもののことである。教科におろした場合，それは「教科内容・指導内容」となる。「教材」とは，それに迫るために媒介として経由する素材のことをいう。教育内容は，大体の場合，既に厳然と存在する。特に，算数科においてはそうである。その順次性・系統性も，かなりの程度研究されてきている。その条件の下で，教材は選定され，開発されるのである。

　「教育内容の開発」の場合には，教育内容それ自体の必要度や教育内容の順次性・系統性などが問題になる。教科内容の現代化やカリキュラム開発は，主としてこちらに属する問題である。

　「教材の開発」の場合には，教育内容の習得のための有効な素材や手だての選択が最大課題となる。

　この意味で，私は，次の定義に賛同する。

> 　教科内容とは，教授─学習活動において，直接に習得の対象となる認識ないし技能を意味する。教科内容を「教授内容」あるいは「教育内

> 容」と呼ぶこともある。他方，教材とは，教科内容を習得させるために具体的に選択した素材である。………（略）………………………
> したがって，教科内容を内に含んだ素材が教材であり，教材を媒介として学習され，その学習の到達目標となるものが教科内容なのである。
> （吉本均編著『教授学重要用語三〇〇の基礎知識』，明治図書，p. 243）

　目標とする教育内容をより有効な資料・手だてとしての教材を通して教えるのである。ここに至って，「教科書を教えるのではなく，教科書で教える」というスローガンの意味も明確になってくる。教科書も教材である。教材開発とは，教科書のなかに新設・追加・修正・削除等の部分を新たに考え出すこととも言える。

　教育内容，教科内容とは，精選された文化財そのものであり，端的には学習指導要領に示されているものである。より詳しくは，その解説書として各教科編が公にされている。

　教材とは，それらが一定の教育的文脈におかれたもの，すなわち，教育内容に対応する適切な素材である。その場合，「この教育内容」を「このような子ども」に理解させるために，「どのような教材」を用意し，「どのように提示し，展開を図る」かを研究するのが，教材研究であり，その成果が「教材」である。したがって，ここでは，教材を単なる固定した素材だけに限らず，教授・学習過程で子どもと素材との関わりにおいて提出される発問・指示をも含めたものとして考えていく。

　教育内容，教材及び教材研究との関係を図示する。

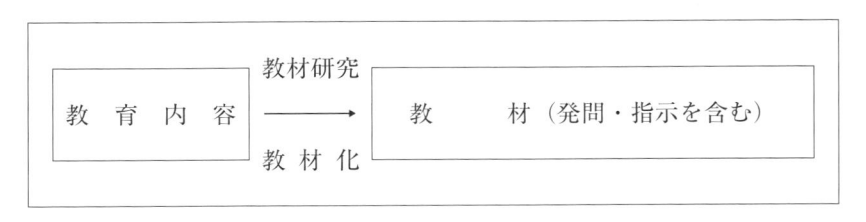

```
                教材研究
┌─────────┐ ───────→ ┌──────────────────┐
│ 教 育 内 容 │          │ 教  材（発問・指示を含む）│
└─────────┘          └──────────────────┘
                教材化
```

第1章 「かけ算の意味」（2年）の授業づくり | 119

　教育内容と教材との区別の意義について，高村泰雄も指摘している。重要かつ的確な指摘である。

> 　教育内容と教材を区別することのメリットとして高村泰雄氏は次の二点をあげている。
> ①　教育内容が教材の不自由な束縛から解放されて，その本来の姿をとりもどし，そのことによって，教育が科学と結びつく道がひらかれたこと。
> ②　教材のもっている意味とその限界が明確になり，教育内容をより正確に反映した，新しいすぐれた教材を開発する可能性がひらかれたこと。
> （藤岡信勝「教材構成の理論と方法」，今野・柴田編著『教育学講座第七巻・教育課程の理論と構造』，学習研究社，p.271）

　両者の区別により，教材開発の可能性が正に大きく開かれてくるのである。
　さらにより厳密には，教材を教具や発問・指示ないし教材構成等と区別する仕方もあるが，ここでは，全て教材開発として大事にしていきたいと考えるので，かなり広義に，全て含めて捉えておく。
　算数科では特に，現に文化財としてある教育内容をその創造の過程に遡って歩ませるのにふさわしい素材として教材を捉えたい。いわば文化財を教育財として捉え直す試みとも言える。
　算数科における教材開発はここから始まる。

2　倍概念か同数累加か

　2年生における「かけ算の意味」の授業づくりについて述べる。
　「かけ算の意味」は，かけ算九九の学習の導入に位置づく。
　まず最初に教科内容を確定し，次にそれに基づいての教材研究を試み，教

材化,すなわち教材の開発を手がけていく道筋が,開発の手順になる。

教科指導内容を確定するために,まず学習指導要領にあたる。「かけ算の意味」の指導の部分は,次のように書かれている。その根拠と出発点はここにある。

【第2学年 2内容 A 数と計算(3)】
(3) 乗法の意味について理解し,それを用いることができるようにする。
　ア　乗法が用いられる場合について知り,それを式で表したり,その式をよんだりすること。

学習指導要領解説算数編にも目を通す。

さらに,それらが教材化されている教科書6社のものに当たってみる。

教科書の性格上の制限があるとはいえ,「○のいくつ分」を見させて,それをすぐにかけ算の式へと直結させ,書き換えの練習だけをさせるものが何と多いことかと驚かされる。子どもが「算数を創る」活動がなされていないのである。単なる教え込み・詰め込みタイプの進め方である。教材を通して教科指導内容の習得が実現されることが第一課題ではあるが,子どものわきたつような興味・関心や活発な思考活動の見られないものでは,教えるに値しない。

したがって,次の原則は忘れてはならないことである。

○　教科内容・指導内容の習得が実現されるように組織され,位置づけられている教材である。
○　子どものわきたつような興味・関心や活発な思考活動の対象となるような教材である。

6社のものを概観して,真っ先に次のような疑問が湧く。

① 同数累加の見方と倍概念の捉え方，どちらの考えから入っていったらいいだろうか。（倍概念4社，同数累加1社，いくつ分から倍概念へ1社）
② 分離量と連続量，どちらの素材から入ったらいいだろうか。（連続量4社，分離量2社）

①の疑問に対して自分なりのまとめをつけるため，まず両者の長短について検討する。

	倍概念からの導入	同数累加からの導入
長所	○ 乗法は，基本的に加法と異なった演算であるという意識を植えつけることができる。 ○ 5，6年時に学ぶ×小数，×分数の意味の拡張に合った考え方である。 ○ 3年時にまとめる言葉の式〔（1つ分）×（いくつ分）＝（全体の数）〕に直結している。 ○ ×1や×0は，累加よりも意味づけやすい。	○ 乗法は，加法では複雑になる計算を簡潔にする方法として創り出されたものである（たす回数を1つの数で表すことができる）ということが分かりやすい。 ○ 数量の関係と計算の仕方とが結びつきやすく，乗法の意味を容易に理解することができる。 ○ 整数倍の段階では，これで不便はない。
短所	○ 関数概念である倍概念は，子どもにとって理解しにくい。	○ 乗数は，加えるという操作であって，実在する量ではなく，理解しにくい。

所		○　前提としている被乗数分を1回余分にたすつまずきに陥りやすい。

　これらの長短を理解した上で，どちらを選択していくかを考える。

　同数累加の考えからかけ算を導入したというだけでは，かけ算という演算の導入の積極的な意義が薄れる。乗法とは，もともとある量を基準として全体の量を測り，基準とする量とその測った数から全体の量を求める演算である。この意味から，全体の量を知るにはまず最初に，基準とする量を明確にし，その基準とする大きさがいくつ分あるかをおさえるようにしていかなければならない。このところを印象づける必要がある。したがって，倍概念の方を中心に据えるが，同数累加のよさも取り入れる両者統合の道をめざすこととした。

　一方的に倍概念から導入するのではなく，倍概念の導入から倍の意味とかけ算式への置き換えをおさえる中で，答えを求めるその考え方として，同数累加の考えを位置づけるように構想してゆくこととした。倍概念の考えと同数累加の考えを個々別々のものとして扱うのではなく，両者を結びつける方途を探るのである。

　②の疑問に対しては，共に豊富な経験を得させることを前提にしながらも，①についての考え方を生かし，いくつ分に分ける自由性を強調することから，直観的に「1あたりの量」をつかむことのできやすい分離量的扱いから入っていく方を選択した。

　棒暗記の九九の意識が強い反面，その意味理解は希薄であるという実態がパイロット調査により浮き上がってきた。

　パイロット調査は，次の観点に基づいて行ったものである。

①　同じ数のいくつ分を求める問題（乗法の素地）――――問題1，2

② 同じに分ける問題
　　○　同じ数ずつに分ける（包含除の素地）————————問題3, 4
　　○　等分する（等分除の素地）————————————問題5
③ 等分による表現の確定の問題（表現の自由性）————問題6
④ 累加，同数累加の計算力（4口のたし算）——————問題7
⑤ かけ算，かけ算九九の認知及び習得（記憶）の状況——問題8, 9, 10

3　テープの枚数は？

実際の教材化，授業づくりについて述べる。

何を持ってくるか，ここが勝負である。

金子忠雄は言う。操作活動が話題の時であった。

　算数の学習は，「モデル」が大切である。

　たとえば，「13ひく7」の学習では，○○・・・○とおはじき13個を見せただけでは，繰り下がりの学習にはならない。

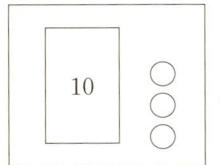

　　[図: 10と書かれた四角と○○○] という構造量が見えるものでなければならない。

重要な指摘である。バラで13個のおはじきを見せただけでは，数え引きの操作で答えを出して，安定してしまうからである。

以前，私は，全体の数をいきなり出して，それを2数の積として多様に捉えるところからスタートしていた。多様な見方には，興味と驚きを示すが，1あたり量とその個数の2数を捉えることの意義・よさを十分に理解するまでには至らなかった。その2数に着目し，印象づけるに十分な展開が，

その前段として必要であることを痛感した。

　そこで，2数をよく見させるために，テープ状の紙を切る活動というものを位置づけることとした。しかし，ただテープを与えて同じに切らせたのでは，全体の数を数えて終わりである。したがって，数えないで，同じ数だけをおはじきで並べるという操作活動をメインに考えた。

　スタートは，次の発問からである。

―《発問1》――――――――――――――――――――
　よく見て下さい。（テープ状の色画用紙1枚を取り出し，3回はさみを入れる）下に落ちた枚数は何枚でしょう。
―――――――――――――――――――――――――

「3枚。」の反応。みんなで数えて確認する。続いて，同じ紙を2枚重ねて3回切る。3枚，6枚，7枚などが出る。そこで，代表に前で確認をしてもらう。「もう一度します。分かるかな。」を受けて「分かった。2・4・6をやればいいわ。」の声がするなかで，次は，2枚重ねたものを5回切る。「2・4・6・8・10」と口を揃えて数える。3枚重ねて，問題を出そうとすると，それを見ていてすかさず，「3枚ね」の声。よく見ていたことを褒め，3枚重ねを4回切る。「3・6・9・12。12枚。」

―《発問2》――――――――――――――――――――
　では，今度はおはじきでやります。

　　切り離したのと同じ数だけ，おはじきでならべられるだろうか。
　（画用紙に記入のものを提示）
―――――――――――――――――――――――――

―《指示1》――――――――――――――――――――
　おはじきを机の右上に出しなさい。今度は何枚というのを口でいわないで，静かにここに切ったのと同じだけおはじきで出して下さい。
―――――――――――――――――――――――――

第1章 「かけ算の意味」（2年）の授業づくり

最初，1枚で7回切る。おはじきの箱には50個入っている。子どもたちは，そこから一斉に7個出す。

1回終わるごとにおはじきを右上にもどしては，繰り返す。はさみ入れの動作をだんだんと速くし，それに合わせて子どもの作業時間もだんだんと短く制限していく。子どもたちは，必死になる。2枚重ねを7回，3枚重ねを6回，2枚重ねを6回，4枚重ねを5回というふうにはさみを入れては，その都度並べさせていく。重ねるところや切るところをわざと隠してやると，「分からない」，「何枚重ねたの」，「何回切ったの」の声が出る。「何を知りたいか。それがわからないとどうして困るか。」を確認することによって，重ねた枚数と切った回数の重要性に気づいていくようにした。

1個ずつ出す，重ねた枚数の個数ずつを切った回数の列にして並べる，それを列にしないで上に積む，重ねた枚数ずつ出してはいるが出したものはみんな一緒にして山にする，それを10ずつの列に並べ直す，重ねた枚数分と切った回数分とをたすなどの操作活動が殆どであった。そして，それらの個数を数えて全体の個数を発表した。

さらに，ゆさぶりをかける。

> 《発問3》
> 切ったのと同じ数を速く並べるには，いちいち数えなければならないだろうか。（黒板にも提示）

「数えなくてもできる。」の声を受けて，

> 《指示2》
> では，先生の切り離した全部の枚数と同じだということが，後で見てもパッと分かるように，工夫して出してみよう。（黒板にも提示）

4枚重ねを7回切ったものを見せる。真剣な表情がうかがわれる。並べ方の反応は，先ほどのものと同じように多様であった。大体できたところで，

次の指示を出した。

《指示3》
　全員，起立して下さい。誰のものが分かりやすいか見て回って下さい。時間は，2分間です。これはいいなというものを後で聞きます。

席に着かせた後，すぐに聞いて見た。

《発問4》
　パッと見て同じだと分かるものを推薦して下さい。誰のものを選びましたか。

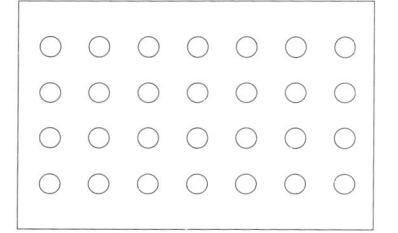

```
○ ○ ○ ○ ○ ○ ○
○ ○ ○ ○ ○ ○ ○
○ ○ ○ ○ ○ ○ ○
○ ○ ○ ○ ○ ○ ○
```

すぐに左の考えが出された。同じ考えの人が2人いた。10ずつの並べ直しが出たら，話し合いをしようと考えていたが，出なかった。1つ1つの説明，検討を集中して聞くことは，低学年の子どもにとっては苦痛である。具体的な操作活動そのものを黒板上で説明することも困難である。自分で実際に見て回るということは，効果的な方法である。

《発問5》
　どうして4個ずつ7列のものが分かりやすいのだろう。

C　切った通りになっている。
C　「重ねた枚数」と「切った回数」がよく分かる。

上に重ねたものも，似ているということで褒めてやる。

自分のものを4個ずつ7列に並べ直して見た後，「ほかのものも同じようにできるだろうか」と投げかけて，練習をした。3枚重ねの6回切り，12枚重ねの3回切り，9枚重ねの5回切り，4枚重ねの11回切りの練習をし，ま

とめる。時間を短縮するにつれ，教室は熱気を帯びてきた。

《発問6》
切り離した紙の枚数は，何が分かればいちいち全部の枚数を数えないでも分かったでしょう？

【発見1号】

| 切りはなした紙のまい数 | は， | かさねたまい数 | と | 切った回数 |

でわかる。（ならべられる）

これに続く時間で，「一つ分」の「いくつ分」としての見方への拡張，1つの数を2数の積として捉える多様な見方・捉え方（○のいくつ分として），かけ算の式，全体の数の求め方へとつなぎ，九九作りへの足がかりを作った。

生み出された発見は，以下の通りである。

発見2号―「全体の数」は，「一つ分」と「いくつ分」が分かれば分かる。

発見3号―全体の数を表す単位は「一つ分」の単位と同じ。

発見4号―全体の数が決まっている時，「一つ分」を変えると「いくつ分」も変わる。（いろいろな並べ方ができる）

発見5号―○の△つ分があれば，△の○つ分が必ずある。「一つ分」の数がだんだん増えていくと，「いくつ分」がだんだんと減っている。

発見6号―かけ算の答えは，「一つ分」を「いくつ分」だけたし算すればよい。

子どもたちは，感想を次のように書いている。

＜川村なほ子＞
○ かさねたまいすうと切った回数が分かれば，かんたんにできる。け

> れども，どちらか一つが分からなければできなくなることが分かりました。
> ○ （ひとつ分）と（いくつ分）と（ぜんたいの数）のべんきょうをしました。おもしろいので，もっとべんきょうしたいです。（略）

―――――――――――――――＜新井　花江＞―――
> ○ ぜんぶ数えないといけないと思ったけど，数えなくてもできた。びっくりした。これまでできなかったこともがんばってやれば，すごいはっ見ができるんだなぁと思いました。

―――――――――――――――＜高橋　健　＞―――
> ○ 「ひとつ分」と「いくつ分」で「ぜんたいの数」が分かることが，とてもふしぎだった。（略）

　この授業は，授業参観の日に公開したものである。翌朝，ある転校生の母から次のような手紙をいただいた。

> 　昨日は，授業参観させていただき，ありがとうございました。
> 　昨日のかけ算の授業は，とてもおもしろくて，帰ってから子どもともう一度，紙を重ねたりして，復習してみました。
> 　「とっても先生の算数がおもしろくて好き」だそうですので，今後ともよろしくお願いいたします。

第2章／「2数の差として見る」(1年) の授業づくり

1 「差として見させる」指導はあったか

　前々より，気にかかる言葉がある。
　次の言葉である。
　「一つの数をほかの数の和や差としてみるなど，ほかの数と関係付けてみること。」(下線——池野)
　これは，学習指導要領の算数科の第1学年の指導内容として挙げられているものである。(第1学年 A 数と計算(1)エ) この表現は，43年版学習指導要領からあった。
　それまでの「1つの数をほかの数の和としてみたり，その前後関係から見ることが主であった」(古藤怜他編著『新しい算数授業の創造』，近代新書出版社，p.126) ところから，今度は「差としてもみることができるようにする」(前掲書，p.126) こととなったのであった。

> 　しかしながら，果たして，このような指導はなされているのであろうか。

　これが，私の疑問であった。
　昭和43年7月に告示されてから20年近く経った当時において，「一つの数をほかの数の差としてみる」ことを指導の重点として，和としてみさせる指導と同程度に扱った指導を，私は見たことがなかった。それまでにこの指導についての先人の実践記録を読んだことがなかったのである。
　例えば，1つの数を2数の差の関係でかなりの程度捉えたと思われるもの

でも，次のような扱いである。
　2つの例を示す。

> （略）数の合成・分解は，一つの数をほかの数と関係付けてみることの1年児における典型的な例である。それがために，数の合成・分解だけで「ほかの数と関係付けてみる」という内容が十分になされたという錯覚におちいりやすい。（略）
>
> | | |
> |---|---|
> | 8は7より1大きい | 5は4より1大きい |
> | 8は5より3小さい | 5は6より1小さい |
> | 8は9より1小さい | 5は10より5小さい |
> | 8は10より2小さい | 5は10のはんぶん |
>
> （略）左のような扱いがもっと強調されてよいだろう。
> （略）また，2数の和や差としてみるなどに関連して，5はa＋b，5はa－bのように，5をa, bの二つの数に関係付けてみるとき，5＝a－bとなる（a,b）の組みは限りなくあるので数範囲を限定する必要がある。
> （平林・坂間編著『新学習指導要領の指導事例集・小学校算数科・1―新しい低学年の算数指導』，明治図書，昭和54年，pp. 48-49）

　但し，この記述は，この指導の冒頭の「解説」部分のなかに見られるものに過ぎない。実際の指導展開例ではそれに見合う表現はほとんど見られない。
　5の数の構成について述べた1時間目の指導展開例があるのみである。その終わり3分（⑧まとめ）の指導にそれらしき箇所がある。

○《5は，いくつといくつに分けられるでしょう。》	○5を，2と3，3より2大きい，10のはんぶ

○《5を，いろいろないい方でいってみましょう。》	ん，8より3小さいなどなるべく多面的にいわせる。

（下線―池野）　　　　　　　　　　　　　　　（前掲書，p. 54）

　これでは，解説で述べたほどの指導があったとは考えられない。5の数の分解が6通り出て，その規則性に目を向けた後の残り僅か3分間で，しかもここで述べている発問で，それまでに習ったほかの「いろいろないい方」など出てくるはずがないと考えるが，いかがなものであろう。

　もう1つの例を示す。展開の構想段階の記述である。

---

① 玉入れ遊びの成績調べなどを通して，5，6の数を合成・分解させたり，規則性に気づかせたりする。（2時間）
② おはじきを2つのグループに分ける遊びをとおして，7，8，9の合成分解をさせたり，規則性に気づかせたりする。（2時間）
③ たま入れ遊びや，おはじき遊びなどをとおして，10の構成をしらべさせる。（1時間）
④ 2枚の数字カードの数を加えて（ひいて），5（6，7，8，9，10）になるようなカードの組を作らせ，数を構成させたり，規則性を調べたりする（3時間）
⑤ 加減の計算練習カードを混合して机上におき，指定された数になるカードを拾う練習をさせる。（1時間）

（古藤怜他編著，前掲書，p. 127）

---

　④の段階が，該当する。ねらいとしては，かなりいいものである。しかし，残念ながら未だ実践化された指導記録は公にされてない。また，「加えて」，

「ひいて」の言葉の導入にはひっかかりがある。指導場面が明確となってこないところが惜しまれる。

　先人の実際の指導の記録を見る限り，私は，数の合成・分解の指導を越えて，2数の差で見させる指導にまで触れている記録を見たことがない。

　普通には，この自覚さえないのである。

　自覚がなければ，当然自覚的な指導もありえない。

　たとえ，自覚があったとしても，差と見させる取り立て指導をすることなしに，合成・分解を指導することで，差についても扱ったとするものがほとんどなのである。

　例えば，

| ○　2と3で⇨5になる　　　　○　5は⇨2と3にわかれる |

という場合を挙げることによって，

| ○　5から2をとると⇨3になる　　○　5から3をとると⇨2になる |

という場合についても扱ったとするものがほとんどである。

　「1つの数を他の数の和や差としてとらえるという」構えがどうにか見られても，実際の指導では，他の数の差としての扱いについての記録がないのである。

　6年での，これまでの比例，反比例の指導において，反比例の指導は，比例を際立たせるために，対比的に，付録として採り上げられているようである。しかし，ここでの和としての捉えと差としての捉えの関係は，同様ではない。数の多面的な理解のためにあえてもうけた項目であるからである。

　学習指導要領での「ほかの数の差としてみる」という語句については，43年版よりあえて付け加わったものである。故に，数の多面的な見方を実現さ

第2章 「2数の差として見る」（1年）の授業づくり | 133

せるためにも，この項目についてはより積極的に捉えていかなければならないと考える。

　一つの疑問から，「1つの数をほかの数の差としてみる」指導内容の教材化の試みは始まったのである。

2　モデル図の構想

　合成・分解の指導と同様に，5という数に着目して，5という数を2数の差としての数と見ることができる指導から入っていくこととして，それをどう教材化するかを考えた。

　5の合成・分解のモデル図と対応させて，次のようなモデル図での最終まとめを構想した。

┌─【2数の和としての5】──────────────────┐
│　　　5は　⇨　○○○○○　　　（0と5）になる　　│
│　　　5は　⇨　●○○○○　　　（1と4）になる　　│
│　　　5は　⇨　●●○○○　　　（2と3）になる　　│
│　　　5は　⇨　●●●○○　　　（3と2）になる　　│
│　　　5は　⇨　●●●●○　　　（4と1）になる　　│
│　　　5は　⇨　●●●●●　　　（5と0）になる　　│
└────────────────────────────┘

┌─【2数の差としての5】──────────────────┐
│　　○○○○○　　　　　　5から0とると⇨5になる　│
│　　○○○○○●　　　　　6から1とると⇨5になる　│
│　　○○○○○●●　　　　7から2とると⇨5になる　│
│　　○○○○○●●●　　　8から3とると⇨5になる　│
│　　○○○○○●●●●　　9から4とると⇨5になる　│
│　　○○○○○●●●●●　10から5とると⇨5になる│
└────────────────────────────┘

134 | 第Ⅱ部　自ら考えみんなで創り上げる算数学習の授業づくり

　以前,「数の増減」の指導では,次のようなモデル図を構想して実践したことがある。

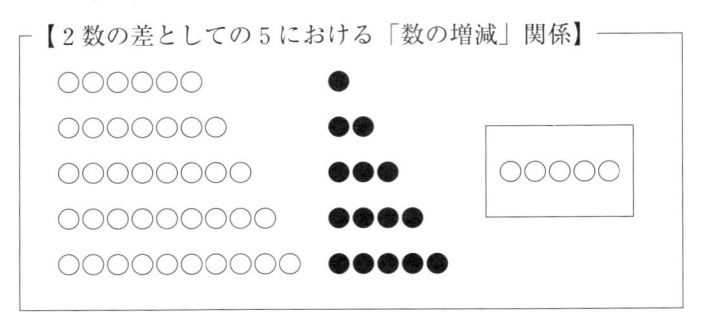

┌─【2数の差としての5における「数の増減」関係】─────┐
│　○○○○○　　　●　　　　　　　　　　　　　　　　　　│
│　○○○○○○　　●●　　　　　　　　　　　　　　　　　│
│　○○○○○○○　●●●　　　　┌─────┐　　　　│
│　○○○○○○○○　●●●●　　│○○○○○│　　　　│
│　○○○○○○○○○○　●●●●●　└─────┘　　│
└─────────────────────────────┘

　しかし,これでは,常に差が5になるということがよく見えないというきらいがあった。1つの数5が常に目に見えるもので,しかも他の2数（全体と部分）が一緒の構造のなかで見えるものにして,より印象づけていくべきであると考えて,先に提示のように改良したのである。

3　「5を2数の差として見る」授業

　箱を3個用意し,なかに残っているゼリーの数はすべて5個であるという設定から,導入に初めの数とドラえもんに食べられた数の組み合わせを考えさせる「数あてゲーム」を持ってくることにした。
　箱の裏には,それぞれ「7」,「9」,「?」と書き入れておく。

┌─《指示1》─────────────────────┐
│　1～10までの数字カードを出して,机の上に並べられるだろうか。│
│　───では,数字カードを出して,1～10まで並べてみよう。│
└─────────────────────────────┘

　各自が並べたのを確認して,1つの箱を提示しながら,言う。

┌─《発問1》─────────────────────┐
│　この箱のなかに,昨日ゼリーを入れておきました。いっぱい入れて│
│　おいたのですが,これだけしかありません。（箱からゼリーの絵のついた│

マグネットを1つずつ数えながら出して,黒板にくっつけていく。)

1,2,3,4,5。5つに減っています。

誰かが食べたようです。いろいろと調べた結果,(ドラえもんのビンと絵を提示しながら)実はこのドラえもんが食べたことが分かりました。

この箱には,初め,確か7つ入れておきました。(箱の裏に書いてある「7」を確認し,既にくっつけてあるゼリーの絵を含めて,1から数え,6,7と絵を追加していく。)

ドラえもんは,いくつ食べたのでしょう。

―《指示2》――――――
手を挙げて,指で答えよう。

2本指が立てられる。

半具体物で確認する。黒板にある5つのゼリーの絵に2つをたして,7個であることを皆と一緒に数える。

―《発問2》――――――
2個と見つけられた人は,どうして分かったのか,数えてもらえますか。

山内「7つから2つを手でかくすと,ちょうど残りが5つになるから。」
玉木「5個かくすと,2つ残るから。」

その後,表と裏が赤と黄色に色分けされた両面おはじきを出して,確認をする。7個全部を赤の面にして,玉木のやり方で左5個を手でかくして,残り2個をひっくり返させることにより,食べた数2個(黄色)がはっきりした。

―《確認》――――――
ドラえもんに聞いてみましょう。中に,お手紙が入っているようです。(ビンの中から取り出す。)

「2ついただきました。おいしかったです。　　　　　ドラえもんより」

《説明》

　分かりやすいように，このカードにかいておこう。（下のようなワークシートを配る。）

　初めにあった分を赤でぬってみます。（7つ分）下の7の数字も，鉛筆で○をつけておくと分かりやすいね。

　それから，食べた分を，5つ残るように，青で真中の方のOの大きさでぬってみよう。いくつぬればいいかな。（「2つ」）

　7つから2つ食べて，5つ残ったのだから，右側の2つの□の中に，7と2を書き入れておこう。

《発問3》

　こちらの箱はどうかな。ちょっと，数えてみよう。1，2，・・・5。

第2章 「2数の差として見る」（1年）の授業づくり | 137

（箱からゼリーの絵を取り出しながら，黒板に貼っていく。）

あらっ，こちらも減ってしまっています。こちらは，（箱の裏の「9」を見せながら）9個入れておいたのです。

この箱からは，ドラえもんはいくつ食べたのでしょう。

―《指示3》――――――――――――――――――――――――
　その答えだと思う数字のカードを上に挙げて下さい。おはじきを使って考えてもいいです。
――――――――――――――――――――――――――――

次のカードが出される。板書する。

| 5　　4　　1　　3　　0　　10 |

―《指示4》――――――――――――――――――――――――
　この中で，絶対に違うというものをつぶして下さい。わけも教えて下さい。
――――――――――――――――――――――――――――

土田「0がおかしい。9個あるうち，5個にへったんだから，0のわけがない。0なら，9個残っていることになる。」

神田「9しかないのに，1個多いから，10がおかしい。」

富田「1個がおかしい。5個に1つ食べたのをもどしても，6個にしかならない。」

吉田「5がおかしい。5だと10になってしまう。」（5を付けたして，数えて確認する。）

北見「3がおかしい。8になってしまう。」

　各自おはじきを出して並べてみながら，その結果をワークシートに書き込んで，確認をする。

《説明》
　箱の中に，お手紙がありました。「4つ　いただきました。ごちそうさま。──ドラえもんより」

　3つ目の箱をとり出しながら，問う。

《発問4》
　もう一つ，箱があります。
　今，1，2，3，4，5個。（箱から出して，黒板に貼る。）またまた，5つ残っています。
　（箱の後ろの「？」を見せながら）でも，これは困ったことに，先生，最初にいくつ入れておいたのか忘れてしまいました。10より少ないことは覚えているのですが。
　いくつあって，いくつ食べたらそうなるでしょう。これまでの2通りの他にも考えられますか。

《指示5》
　先生に教えてほしいと思います。おはじきを使って考えてもいいので，分かったらさっきの紙の下の空いたところに書いてみて下さい。沢山見つけられた人はいくつでもいいです。紙が足りなくなったら，またあげるので，取りに来て下さい。
　では，数字カードをしまって，考えてみましょう。（しまいきったのを確認してから，）時間は，5分です。

　以上3つの箱についての問いかけを通して，本時の問題把握を促すことにしたのである。
　おはじきを使って，一斉にとりくむ。5分後，次の指示をする。

《指示6》
　全員，起立。───さっきの2つを入れないで，あといくつできたのかを数えてみて下さい。

第2章 「2数の差として見る」（1年）の授業づくり | 139

1通りも見つけられない子どもはいなかった。

人数を聞きながら座らせた後，再度起立をさせる。

《指示7》
　もう一度起立をして下さい。これから発表をしてもらいます。自分のものと同じのがあったら，右側に○をつけていって下さい。そして，全部言われてしまったら，座って下さい。

○○○○○●●　　　7から2たべると⇨5になる
○○○○○●●●●　9から4たべると⇨5になる

上の2通りの場合に加えて，次のものが発表される。

○○○○○●　　　　6から1たべると⇨5になる
○○○○○●●●　　8から3たべると⇨5になる
○○●●●●●●●　9から7たべると⇨5になる
（「残りが2になっておかしい」の反対意見）
○○○○○●●●●●　10から5たべると⇨5になる
○○○○○　　　　　5から0たべると⇨5になる
○○○●●●●●　　8から5たべると⇨5になる
（「3しか残らないのでおかしい」の反対意見）
○○○●●●●●●　9から6たべると⇨5になる
（「3残るから違う」の反対意見）

上のように，1枚1枚を貼っていく。

全員が座ったところで，問う。

《発問5》
もうありませんか。（「ない」の声）
もう本当にないということが分かりやすい並べ方はないですか。

竹内は，前に出て来て，次のように並べる。

○○○○○　　　　　5から0たべると⇨5になる
○○○○○●　　　　6から1たべると⇨5になる
○○○○○●●　　　7から2たべると⇨5になる
○○○○○●●●　　8から3たべると⇨5になる
○○○○○●●●●　9から4たべると⇨5になる
○○○○○●●●●●　10から5たべると⇨5になる

これを見て，並び方の秘密に気づいた子どもも何人かいた。次の時間に持ち越すこととした。

2時間目。

最後のまとめの一覧表を提示し，次の問いかけから始める。

《指示1》
自分のものを切って，順に並び変えてみなさい。抜けているのがあったら，自分で作って見て下さい。紙がないという人は，前にもらいに来て下さい。

完成後，のりを使ってノートに貼らせる。

《指示2》
この紙にきれいに書きなおしてみよう。黒板の表を隠してもできるだろうか。（新しいワークシートを配り，黒板の表にカバーをかける。）

第2章 「2数の差として見る」(1年)の授業づくり | 141

与えたワークシートは，これである。

```
  □ から □ たべると ⇨ 5 になる

  ○○○○○◎◎◎◎◎  □ から □ たべると⇨5になる
  1 2 3 4 5 6 7 8 9 10

  ○○○○○○◎◎◎◎  □ から □ たべると⇨5になる
  1 2 3 4 5 6 7 8 9 10

  ○○○○○○○◎◎◎  □ から □ たべると⇨5になる
  1 2 3 4 5 6 7 8 9 10

  ○○○○○○○○◎◎  □ から □ たべると⇨5になる
  1 2 3 4 5 6 7 8 9 10

  ○○○○○○○○○◎  □ から □ たべると⇨5になる
  1 2 3 4 5 6 7 8 9 10

  ○○◎○○○○○○○  □ から □ たべると⇨5になる
  1 2 3 4 5 6 7 8 9 10
```

机間指導で確認の後，カバーを取り，問う。

《発問1》
　黒板と同じようになったか，比べてみて下さい。（全員が正解。）
　順序よく並べられたものを見て，並び方で面白いところを探してみよう。

黒板に，「ならびかたのおもしろいところ」の言葉を提示する。
太洋紙を黒板に貼って，そこに出てきた意見を書き込んでいく。
大いに驚いたり，褒めたりしながら書き込んでいくのである。子どもたちは，一生懸命に考えて見つけ出す。

① 赤が1つずつ増えると，青も1つずつ増えている。
② あわせて5の時と違って，両方が同じ数ずつ増えている。（合成・分解との比較を褒める。合成・分解の時にまとめを書き込んだ太洋紙

を右横に提示する。）
③　前は，「増えると減る」だったのが，今度は，「増えると増える」になっている。
④　また，階段のようになっている。滑り台みたい。
⑤　階段が1つ。前は2つあった。
⑥　今度は，数を反対にした組み合わせがない。2つずつ組になっていない。
⑦　四角と三角の組み合わせになっている。
⑧　左側はいつも5になっている。
⑨　赤が多い。青が15個，残りの赤が30個で，元の赤が45個ある。
⑩　大きい数がきている。

「2数の和の時と同じように6通りある。」という反応も予想していたが，深入りすることはさけた。

さきほどの紙をノートに貼らせた後，応用として6の場合について考えさせた。ワークシートは同様の一覧のものを使う。

4　指導計画の修正──Z型から逆N型へ──

初め，指導計画を次のように立てた。（9時間）

＜指導計画＞

第一次　5を2つの数の和や差ととらえる見方に気づかせ，5の構成を理解させる。（2時間）

第二次　5の構成をもとにして，6，7，8，9の数の構成を理解させる。（5時間）

第三次　2つの数から（全体の数）や（差としての数）を求められるようにさせる。（2時間）

第2章 「2数の差として見る」（1年）の授業づくり | **143**

しかし，5の数を2数の和として捉えさせる合成・分解の指導を1時間でまとめるには無理があった。規則性への気づきを含めるとどうしても1.5時間は必要であった。また，2つの見方を並行して扱うため，1つの見方をある程度定着させるためにも，5の続きとして6を一緒に扱っておいた方が進めやすいことも分かった。

そこで，指導計画を途中で修正することとした。

一次に，5だけでなく，その5をもとに6を考察させることを含むようにした。二次で扱う予定であった6を持ってきたのである。1年生ゆえの変更でもあった。

5と6で4時間を予定していたものを，1時間終了時点で，次のように組み替えた。

（初めの計画）　　　　　　（1時間目終わりに修正した指導計画）

数	和としてみる	差としてみる
5	①（1時間）	②（1時間）
6	③（1時間）	④（1時間）

⇒

数	和としてみる	差としてみる
5	①（1.5時間）	③（1.5時間）
6	②（0.5時間）	④（0.5時間）

Z型から逆N型への変更となり，実際の指導では，下の表のように①に2時間，②に「5との比較」をも含めて1時間ということで，合計5時間の設定となった。

（実　際　の　指　導）

数	和としてみる	差としてみる
5	①（2時間）	③（1.5時間）
6	②（1時間）	④（0.5時間）

第3章／「繰り下がりのあるひき算」(1年)の授業づくり

1　教科書比較と先行研究の分析からのスタート

　単元「繰り下がりのあるひき算」は，1年生の重要単元である。
　指導内容の確認から教科書及び先行研究の分析へと進める。
　まず，6社の教科書全てに目を通す。視点を自分なりに設けて，比較する。比較のなかで新たな視点に気づくこともある。次ページの表1のようになる。
　そこから自分なりの疑問が生じ，問題点が浮かび上がってくる。
　私は，次のような疑問をもつ。

A　すべて文章題から入っているが，そこまでの扱いやそこからの扱いが分かりにくい。
　　果たして，これまでの計算との違いをどのように自覚させるのか？
B　扱っている計算方法は，6社とも減加法である。
　　しかし，減々法も有効な方法である。これまでの教科書には，減々法も扱われていた。
　　なのに，どうして減加法しか扱われていないのであろうか？果たして減加法と減々法，どちらがよいのであろうか？また，どちらか一方に絞った方がいいものであろうか？

2　新しい計算としての自覚をどう図るか

　Aから，新しい計算としての自覚をどのように図るかということについて考える。

第3章 「繰り下がりのあるひき算」（1年）の授業づくり | 145

素材や数値，操作で使う半具体物は多少異なるものの，どの教科書でも具

（表1） 教科書分析

視点	A 社	B 社	C 社	D 社	E 社	F 社
導入	文章題から	文章題から	文章題から	文章題から	文章題から	文章題から
場面	求　残	求　残	求　残	求　残	求　残	求　残
素材	か　き	か　き	みかん	りんご	紙のさかな	じどうしゃ
計算式の出題順・問題数（方法）	13−9 11−8 12−7 言葉 15−7 言葉 応用16題 12−5 13−4 応用23題 適用問題 （求差も） カード作り 追い越し競争	14−8 応用8題 （減数9,8,7） 13−4 応用8題 （減数6,5,4,3,2） 適用問題 （求差も） 練習 ⇨計算カード（別単元）	13−8 応用16題 （混合,減加法的） 13−4 文題 応用12題 （混　合,減々法的） 適用問題 （求差も） カード作り おけいこ 計算ゲーム	12−9 応用12題 （減数9,8,7） 応用文題1 12−3 （減数6以下） 適用問題 （順序も） カード作り おさらい	13−9 11−7 応用16題 （減数9,8,7） 12−3 応用12題 （減数6以下） 適用問題 （求差も） カード作り ゲーム稽古	13−9 応用6題 14−8 応用6題 11−7 差 13−6 14−5 12−4 差 応用8題混合 適用問題 カード作り 練習
方法	減加法のみ	減加法のみ	減加法のみ	減加法のみ	減加法のみ	減加法のみ
操作物	おはじき	ブロック積み木	ブロック積み木	ブロック積み木	平たいブロック	●の数（車の絵）
他				求差場面無		

体的な場面（文章題）から導入している。
　たとえば，こうである

> かきが13こなっています。
> 9ことるとなんこのこるでしょう。　　　　　　　　　　（A社）

　文章題から繰り下がりのあるひき算の立式ができるという意味理解を，一つの文章題だけで解決し，一時間のうちに，その後の計算の原理にまでたどりつこうとする記述になっている。しかも，全ての教科書が全く同じパターンである。教科書という制約からすれば，仕方のないことかも知れない。扱い方は，各教師の創意工夫次第でもある。
　そこで，先行研究にあたってみる。
　たとえば，次のものである。

① 数字のサイコロを振って，出た目の，10に対する補数をノートに書く。
② ひき算の問題を考える。
　ア．問題場面をとらえる。

> 色紙が13まいあります。9まいつかいました。
> あと，なんまいのこっているでしょう。

　イ．立式について考える。
　ウ．13－9の計算の仕方を，おはじきを使って考える。
　　　〔数えひき，減々法，減加法の解き方が載っている。―池野註〕
③ 13－9の計算の仕方を理解する。
④ 減加法の考えで計算する。（15題）

> （以下，略—池野）（日本数学教育学会編『算数指導のポイント①数と計算1・2・3年』，東洋館，昭和56年改訂5版，pp.105‐107）

⑤から⑦までさらに続く。大変盛り沢山な内容である。多分⑤以下は，次時以降のものだと考えられる。しかし，よく分からない。また，タイトルが「13－8の計算」となっているにもかかわらず，ここでは，8が9になっている。よく分からない。最初の印象である。

編集は算数教育界を代表する日本数学教育学会である。扱い方を見る。当然，その工夫が見られるものと期待した。しかし，教科書を越えるものは何も見あたらなかった。全くと言っていいほど教科書と同じ扱いになっている。

新しい計算としての自覚化は，②のイからウへつなぐ場面であると考え，よく見たがその記述はなかった。もちろん，他のところにもない。がっかりである。

立式化と計算の仕方を一緒にしているところが問題であると考える。

確かに両者は表裏一体のものであるかも知れない。しかし，子どもの思考からして，立式化による意味理解を通さなくても，未習の式についてその計算方法を考えることは可能である。ひき算の用いられる場については，既習のことなのである。それを，数値の拡張ということで見直させるだけである。子どもの思考は優れたものである。そこに飛躍があると考えるのは，大人の方であり，子どもの方は案外ギャップを感じていないのである。ギャップがあるのは，計算の仕方の方である。

しかも，いきなりの未習の式になる文章題では，解かねばならないという必然性がない。既習の計算を想起させ，ないしはとり上げて，その計算との違いを明確につかませることが，ここでの学習の意義の自覚化という点から大切なことであるはずである。

もちろん，文章題からの導入でも扱い方を工夫すれば，既習計算との違いを自覚化させることは可能であろう。

たとえそう扱ったとしても、まだひっかかりがある。

ここに文章題をもってくることにより、まずもって子どもの課題意識（問題意識にまで高まっているとは言い難い）は、その問題を解かなければならないということであろう。いちばん自覚してほしい問いは、その後からくる。すなわち、「これまでの計算式とは異なる、一の位同士だけでひき算してもすぐに答えが出せない計算式でも、計算することができるのだろうか。できるとすれば、どのように計算したらよいのだろうか。」という問いである。

しかし、文章の問題を導入にもってくることにより、意識は「実際の答えを求めよう。」という方に傾き、後者の問いが弱まってしまう。ここでは、実際の答えと計算式の結果にいたる過程としての答えの両者が求められているのである。子どもにとって、答えは、実際の答えを意味することから考えれば、後者の問いが弱まっていることは明らかである。

ここで大切なことは、繰り下がりのあるひき算の学習の意義を自覚させることである。今までの単なる応用ではできない新しい問題であるということを自覚させることである。そのためには、本単元で扱う計算の新しさや相違点、困難点を自覚させることが重要である。文章題を解いて答えを出すという意識よりも、今までの計算とは違う計算のやり方を考え出していこうという意識・自覚が優先されなければならないのである。

また、ここに挙げた例では、計算の仕方をおはじきを使った操作活動で求めることからすぐに入ろうとしている。これでは、おはじき並べが、延長量としての表現に終わってしまう。延長量としてただ13を並べるだけでは、ただ数えひいていくだけで答えが求められるため、くずす必要を感じさせることはできない。十の位に1つ、一の位に3つという、十進位取り記数法に基づいた構造量を見せなければ、10を繰り下げてくる必要性や減加法及び減々法のよさが自覚されないままとなる。おはじきなら、十の位と一の位とを色分けするような配慮が必要であろう。

問題点を整理する。

> ① 数の拡張による立式を強調するならば，いくつかの問題を体験させる必要がある。なのに，教科書も先行研究も一回の，文章題からの立式化だけで，意味理解を図ろうとしている。数の拡張による立式化の可能性をおさえたことになるのであろうか。
> ② 意味理解による立式化と計算の仕方を同時間において扱うことはできるであろうか。また，そのねらいを十分に達成することは可能であろうか。
> ③ 文章題が拠り所にないと，計算の仕方を考え出すことはできないのであろうか。
> ④ 延長量だけで，繰り下げて計算する必要性に気づかせることはできるであろうか。
> ⑤ 文章題からの導入だけで，新しい計算式としての自覚を，解いて答えを出そうという意識以上に強く持たせることはできるのであろうか。
> ⑥ 新しい計算式に対応する具体的場面で，その式を立てて解くことができる力を育てるためには，文章題からの導入でないと不可能なことであろうか。

これらのことを自分なりに解決しなければならない。

3　減々法と減加法をどう扱うか

Bの疑問について考える。

Bの疑問より，先行実践における③から④へのつなぎ方についても見たかったところであった。しかし，その焦点化の方法についても，ここでは具体的には何も触れられていない。

繰り下がりのあるひき算の計算の仕方として，子どもからしばしば出てくるのが4つの方法である。数えひき，補加法（数えたし），減々法，減加法

の4つである。（他に，両数分解や5・2進法のやり方などがある）

能率的な方法は，減加法と減々法である。しかし，教科書ではどの教科書も減加法のみを扱っている。減々法を認めていないのである。

しかし，以前は違った。（昭和59年度まで）それまでの教科書では，2社が減加法と減々法を並列ないし補助的に扱っていた。それが，61年度の$\frac{1}{4}$改定からすべての教科書が減加法のやり方に絞るようになったのである。

文部省発行の『小学校指導書算数編』には，どちらの方法に絞るということに関しての記述は全く見当たらない。したがって，教師側に任されている問題なのである。（最近の指導書になって，「どちらを主にして指導するかは，数の大きさに従い柔軟に対応できるようにすることを原則とするが，児童の実態にあわせて指導することが大切である。」と述べられるようになった。（『小学校学習指導要領解説算数編』，1999年5月，p.68））

なのである。各教科書では，減加法のみに絞っている。

なぜか。説明はない。

どんな方法にも，長短があるものである。4つの方法について，それぞれの長短を考えてみる。（表2）

（表2） 4方法の意味及び長所・短所の比較

	減加法	減々法	数えひく方法	補加法・数えたし
意味	○被減数の10のまとまりをほどいて，残りと被減数の10の端数をたす方法 （被減数分解による方法）	○被減数の10の端数と減数との対比で相殺し，さらに残りの減数を10からひく方法 （減数分解からの方法）	○1ずつひいていく方法 ○被減数の10の端数をとって，さらに10から減数の数になるまでとっていく方法	○11から被減数の数まで，減数の補数に加えていく方法 ○1ずつたしていく方法 （数えたし）

第3章 「繰り下がりのあるひき算」（1年）の授業づくり

長所	○減数が10に近い場合（例：13－9，12－8）や被減数の一の位の数と減数との差が大きい場合（例：11－9，12－8），便利である。 ○分解3回の減々法より，分解2回と合成1回の減加法の方が合成（たし算）のある分だけ，計算しやすい。 ○筆算で繰り下がりのある場合，繰り下げた10からとっていく方法として生きてくる。	○減数が小さい場合（例：12－3，11－2）や被減数の一の位の数と減数との差が小さい場合（17－9，15－6），便利である。 ○余りから処理してしまいたいという人間の欲求・心理に近い。 ○一の位だけで処理してきた繰り下がりのないひき算のやり方に近い。 ○2数から同じ数をひいても求める大きさは変化しないという計算の性質理解の素地となる。	○絵をかいて，減数の分だけ消していけば，残り（答え）が容易に求められる。 ○具体的な操作が絵に表しやすい。	○指を使って1ずつ足していくことができ，答えが容易に求められる。 （外国におけるおつりの計算法として知られているところ）
短所	○ひき算にもかかわらず，たし算処理の部分が出てくる。子ども	○一の位だけではひけないため，2数の一の位を逆にして大きい数（減数）	○式で表すと複雑になる。（十何－1－1‥） ○指などを使って	○ひき算をたし算の考えでやる不自然さが残る。 ○たした分を指な

短所	にとっては理解しにくいところである。	から小さい数（被減数の10の端数）をひいてしまうというつまずきに陥りやすい。（筆算でも，一の位同士のひき算で，下の数から上の数をひく結果となる。但し，2－9＝－7の，負の計算につながる。）	逆に数詞を唱える時，被減数の数詞から指を折るなどで数えていく誤りに陥りやすい。したがって，答えは1大きい数となる。 ○減数が大きくなるほど，結果を求めるのに手間がかかる。	どで数えていかないと，残りと被減数とを混同しやすい。 ○たした分を再度数え直しをしないと，残りが分からない。 ○数範囲が広がるほど，結果を求めるのに手間がかかる。

　表2より，数えひく方法や補加法に比べて，減加法や減々法の方が能率的な方法であることは分かる。しかし，減加法と減々法との比較・判断は難しい。

（表3）　減加法，減々法における計算手順の比較

視点＼種類	減 加 法	減 々 法
分 解 部 分	○被減数を分ける	○減数を分ける
計 算 の 手 順	① 被減数分解 ② ひき算 ③ たし算	① 減数分解 ② ひき算 ③ ひき算
ひき算の回数	○ 1回	○ 2回
たし算の回数	○ 1回	○ 0回

　減加法と減々法は，問題の数の組み合わせの状況に応じて使いやすさの事情が変わってくる。どちらがより適切かは，2数の組み合わせとも密接に関連している。よって，個々の，問題における数の組み合わせの個々の状況をぬきにして，どちらかに優劣の判断を下すことは，早計である。2つとも，

繰り下がりのあるひき算には適切かつ有効な方法である。

> どの計算式から単元の導入を図るか？

このことは、算数科では大きな問題である。

教科書で最初に扱っている計算式は、次のようである。

① 13－9（3社）		② 13－8	
③ 12－9		④ 14－8	

被減数の一の位の数が2、3と小さく、減数が8、9と10に近い数になっている。しかも、両数の差が大きい。

減加法で計算しやすい最も典型的な例である。

繰り下がりのあるひき算を減加法でとけるようにしたい場合には、「13－9で、買い物の場面」の提示が有効である。十円玉と一円玉を財布に入れて、九円の品物を買うという場面は、まさに減加法そのものなのである。

それに対して、減々法では、「15－6」などの一位数同士の数値が近い場面の提示が有効である。

ねらいによってもってくる計算式が決まり、計算式によってねらいが見える。

一時間の指導のみを考え、ともにそれぞれで扱うという場合は、どちらもその計画のなかに組み込むことはできる。

しかし、今は、単元全体のなかの一時間目について考えている。そこで、ねらいを明確にしなければならない。

単元全体の計画を考える際の最初にもってくるべき計算式である。単元全体をどのように展開するかのヴィジョンのなかで考えていかなければならない。ここでは、単元を見通したものを考えていかなければならない。

> 減加法か減々法のどちらかに絞るのか，それとも，両者を同程度に扱うのか。または，どちらかを主として，もう一方を補助的に扱うのか。

　このことをまず考えていかなければ，この単元の教材開発は始まらない。
　先行研究では，子どもの思考として減々法が出てきている。一応認めるものが多い。そのなかで異なるのは，最初から扱うものと，途中で補助的に扱う位置づけの違いである。最初から扱うものも，最終的には減加法に絞っているものが殆どである。減々法は，途中で消えているのである。1年生としてはかなり無理のあるものである。(たとえば，中島健三編著『数学的な考え方と問題解決第2巻実践研究編・低学年』，金子書房，昭和60年，pp.31‐47)
　三輪辰郎は言う。

> 　くり下がりのあるひき算の計算では，減加法，減々法という2つの方式が問題になる。(略)これらの長短が子供たちの討議から明らかにされていく。このように，それぞれの方式がその良さと結びついて考察され，自分たちのものとなっていく過程は，一つの方式を強制してしまうしかたとちがって，知的であり，探究的であって，望ましいものといえる。
> (三輪辰郎「1年ひき算」，『新しい算数研究』No.166，東洋館，昭和60年1月，p.38)

4　36種の計算式の分析

　ここでは，「13－9」のような，11～18までの2位数から2～9までの1位数をひくひき算で，繰り下がりのある場合の学習をする。全部で，以下の36通りである。

11－2							
11－3	12－3						
＊11－4	12－4	13－4					
＊11－5	＊12－5	13－5	14－5				
11－6	＊12－6	＊13－6	14－6	15－6			
11－7	12－7	＊13－7	＊14－7	15－7	16－7		
11－8	12－8	13－8	14－8	15－8	16－8	17－8	
11－9	12－9	13－9	14－9	15－9	16－9	17－9	18－9

　二重線の上の計算群は，一の位同士の差が小さい（差≦2 あたり）ためだいたいにおいて減々法の方がやりやすいものである。また，太線の下の計算群は，逆に一の位同士の差が大きい（差≧5）ためだいたいにおいて減加法の方がやりやすいものである。その他に，減数が10に近い場合（▨）も減加法の方が計算は容易である。また，その逆に減数が2，3などと小さい場合（▩）には，減々法の方が有効である。（＊印は，これらの分類に含まれないもの）

　したがって，本単元では，2つの方法のどちらかに絞るのではなく，問題に応じて使い分けができるようにしていきたいと考える。また，どちらの方法でもよい場合には，自分に合った方法を選択していけるようにしていくことが大切である。

5　指導計画の作成

　これまでの考察から，次の指導計画を立てることができた。
第1次　繰り下がりのあるひき算の計算方法を，既習の計算をもとにして考えさせる。（4時間）
　　・既習計算と本単元で扱う未習計算との混合提示から解くべき問題を見出し，その計算の仕方を既習の計算方法をもとに考えさせる。（15－

8で考えさせる）（筋道の通る考え方は全て認める）
- よりよい方法を検討させる。（減加法，減々法）
- 減加法を使っての練習をさせる。
- 減々法を使っての練習をさせる。
- 減加法が相応しい場合，減々法が相応しい場合について考えさせる。

第2次　繰り下がりのあるひき算の式に合う問題づくりを通して，繰り下がりのあるひき算の用いられる場について考えさせる。（求残，求差）（1時間）

第3次　繰り下がりのあるひき算の適用問題を解かせる。（問題づくり，みんなで解く）（2時間）

第4次　繰り下がりのあるひき算のカードを落ちなく作り，それを使って計算の練習やゲームをさせる。（計算カードづくり，カードによるスピード計算競争，カードや2個の10面サイコロを使った追い越し競争，スピード25マス計算練習）（3時間）

　これにより，教材，発問の視点がある程度固まったのである。子どもの動く教材，発問を具体的に作っていくのは，次の段階になる。

6　最初の授業をどう構想したか

（1）　なぜ「15－8」か

　減数が8，9という10に近い数値の場合や一の位同士の差が大きい場合（減数―被減数の一の位の数値≧5）は，どちらかというと減加法に結びつきやすい。減数が小さい場合（2，3の時：11－2，11－3，12－3）や一の位同士の差が小さい場合（減数―被減数の一の位の数値≦2）は，どちらかというと減々法に結びつきやすいといえる。

　以上のような分類に基づけば，次の計算がそのどちらにも属さないものである。

第3章 「繰り下がりのあるひき算」（1年）の授業づくり | 157

```
11 − 4      12 − 5      13 − 6      14 − 7
11 − 5      12 − 6      13 − 7
```

11 − 4 ・・・被減数の1の位の1を4からすぐにひいてしまう減々法に結びつきやすい。（1とってあと3を10よりとる）

11 − 5 ・・・同上。（1とってあと4を10よりとる）

12 − 5 ・・・12を5と5と2にわけてやるやり方に結びつきやすい。また, 12の半分（12は6と6という知識を使って）から5をとって, 残りの1をもう一つの6にたすという特殊な処理の仕方に結びつきやすい。

12 − 6 ・・・12の半分（12は6と6）をとるという特殊な処理の仕方に結びつきやすい。

13 − 6 ・・・減加法（10 − 6）＋ 3 ＝ 4 ＋ 3
　　　　　　減々法（10 ＋ 3）−（3 ＋ 3）＝ 10 ＋（3 − 3）− 3 ＝ 10 − 3
　　　　　　　　＝ 7
　　　　　　減々法の場合, 3が3つ出てくることになり, やり方の説明の際, どの3のことをさしているのかが分かりにくく, 混乱を招きやすい。

13 − 7 ・・・減加法（10 − 7）＋ 3 ＝ 3 ＋ 3
　　　　　　減々法（10 ＋ 3）−（3 ＋ 4）
　　　　　　　　　　　　　　　＜必然的に3が2回出てくる＞
　　　　　　減加法に同じ3が2回出てくるので, 少し混乱しやすい。また, 一緒に比較した場合, 減加法の2回の3と減々法の2回の3ということも, 混乱しやすい。

14 − 7 ・・・14の半分（14は7と7）をとるという特殊な処理の仕方に結びつきやすい。

したがって，これら7つも必ずしも両方の考えを導くのに適切なものとは言えないことが分かる。そこで，その周辺のものについて考察してみる。

周辺のものを挙げると，次の10種類である。

| 11 － 3 | 12 － 4 | 13 － 5 | 14 － 6 | 15 － 7 |
| 11 － 6 | 12 － 7 | 13 － 8 | 14 － 8 | 15 － 8 |

被減数11については，上と同様のことが考えられる。被減数が偶数のもの（ここでは12と14）についても，上記の偶数のものと同様のことが言える。13－5は，上記の12－5のように13を5と5と3に分けるという特殊な処理の仕方に結びつきやすいものである。

15－7は，次の点で不適切である。もともと減々法に近いものが，さらに被減数の数値の一の位に5があるためにそれに誘発されて7を5と2とみやすいという点から，ますます減々法に結びつきやすいものであることが分かる。

13－8及び15－8は，上の分類からすると，どちらかというと減加法に結びつきやすいものであった。

13－8・・・減加法（10－8）＋3＝2＋3＝5
　　　　　減々法（10＋3）－（3＋5）＝10＋（3－3）－5＝5
15－8・・・減加法（10－8）＋5＝2＋5＝7
　　　　　減々法（10＋5）－（5＋3）＝10＋（5－5）－3＝7

とはいえ，15の方が被減数に5があることにより，8をすぐに5と3とみる見方にもつながりやすい面がある。すなわち，減々法を想起させやすいという面もあり，ねらいとしている両方の考え方を生みやすいものである。

そこで，導入にあたっては，具体問として15－8をとり上げることとする。

（2）ギャップをどう自覚させるか

「知っていること」だけでは容易に解けないギャップを自覚させる問題提

示として，次の4段階を考える。
① 知っていることだけで解ける計算式（A）と知っていることだけでは容易に解けない計算式（2題，B）とを混ぜて，フラッシュカードで1題ずつ提示する。（「導入課題」）
② 未習の計算群（B）の計算はどこが難しいのかを問う。（比較して考える）
③ 未習の計算1つ（B）を選び，どちらかの数値がいくつだったらできるかを問う。（仮定して考える）
④ その問題はどのように考えたら解けるかを問う。（「追究問題・具体問」）
　ギャップを感得させ，ギャップを分析することにより，計算の方法について考えざるを得ない状況（ギャップをうめたい）に追い込み，解決の糸口（やればできそうだ）を持たせることができる。
　したがって，最初の授業のねらいを次のように設定した。

> 　一の位同士ではひけない15－8の計算の仕方を考えさせることにより，一の位だけではひけない場合は被減数ないし減数のいずれかをくずせば既習の計算方法を使って答えが求められることに気づかせる。

7　授業の実際

　1〜20，及び□のカードを机の上に並ばせた後，フラッシュカードを使って，次の計算式を一問ずつ提示した。

> ＜導入課題＞
> ①8－5　②7－4　③10－8　④15－5　⑤18－4
> ⑥15－8　⑦10－3　⑧15－3　⑨14－6

　既習の計算のなかに，未習の計算2題（⑥，⑨）を含ませてある。既習の

計算も，③，④，⑦は減加法，減々法に直結する計算である。⑧は，⑥の新しさ・困難さが分かりやすくするために入れたものである。

　子どもは，即座に暗算し，勢いよくカードをあげる。大いにほめる。⑥，⑨で，手の挙がり方が減り，答えもバラつく。⑥では，8，9，13，7（正解），？，⑨では，12，8（正解），9，？と，挙げたカードはバラバラであった。

　子どもは，既習の計算のいくつかを勢いよく解いていくなかで，容易には解けない15－8と14－6の計算に突き当たったのである。これまでの1の位同士のひき算では答えを求めることができないというギャップに突き当たったのである。

　そこで，発問した。

> 発問1　困ったようなんですが，15－8と14－6は，どこが難しいのですか。

　子どもは，言った。

> 石川　これ（14－6）は，10より上のと，10より下のをひくとあんまりわからない。
> 笹岡　4－6は，引けないから分かりにくい。5－8もできない。
> 南野　15－3は，5から3すぐひけるけど，5－8や4－6はできない。

　子どもは，繰り下がりのないひき算と繰り下がりのあるひき算とを比較し，その違いは一の位だけで計算できるかできないかにあることに気づいたのである。

　解決の困難さを自覚させた後で，次のように発問した。

第3章 「繰り下がりのあるひき算」（1年）の授業づくり | 161

> 発問2　15－8は，15－幾つくらいだったらできますか。
> 　　　　15－8が，もし15でなくて，何とか－8だったら，幾つまでならできるのですか。

子どもは，導入題の④，③とつなげて，次のように反応した。
・（15－）5までならできる。
・10－8ならできる。
仮定することで解法への見通しを持たせることを意図したものである。
さらに続けて，発問し，指示した。

┌＜追究問題・具体問＞──────────────
> 発問3　では，すぐにひけない15－8の計算は，どうやったらできるのだろう。
> 　　　　この用紙をあげますから，ここに自分の考えを書いて下さい。
> 　　　　（指示）

子どもは，個々の解決の時間の後，次の考えを出してきた。
① ぼくは，10から8をとって，2にして，まだ15から5が残っているから，たして，7になる。〔減加法〕（幾田）
これは，10－8ならできるに誘発されたものである。
② 式は，15－5－3＝7。訳は，15－5ならできるし，残った3をまたひけば7になるから，答えは7。〔減々法〕（神野）
神野は，さらに，「15をひいて，後でまた残っている3をひくんだから8ひいたのと同じことになる。」とつけたした。
③ 15－5＝10，10－3＝7（減々法）（砂野）
その他，数えひく方法と「8－5＝3，10－3＝7」（次時で「5－5＝0，10－3＝7」と訂正され，減々法の仲間に）も出される。

発問2と追究問題の設定によって，子どもに，被減数，ないし減数のどちらかをくずせば既習の計算方法が使えることに気づかせ，答えを求めさせることができた。これまでの，一の位部分だけのひき算の処理の仕方から，減数や被減数の10のかたまりへと目を向けさせ，それをくずす処理の仕方へと考えを拡げることを促すことができた。「もし～なら，～できる」という考えを適用して，減加法ないし減々法で答えを求めることができたのである。

　以後，「数えとり方式」，「前分け方式」，「後ろ分け方式」と命名され，有効性の検討で，減加法と減々法の2つが選ばれていった。

第4章／「九九表の不思議・秘密」（2年）の授業づくり

　九九表の見方の指導は，とかく，乗法について成り立つ性質（乗数と積の関係や交換法則）のみの指導に偏りがちであり，形式的な指導に陥りやすい。
　この単元では，1つの数を2数の積と見させる指導や九九表や九九におけるきまりの見事さ・美しさを感得させる指導をも含めて，九九を統合的・発展的に捉えさせていきたいものである。
　そのため，九九表の多様な見方を促す指導を考えていかなければならない。ここでは，その，1つの有効な方法について明らかにする。

1　単元をこう構成する

　単元の目標を，次のように設定した。

> 　九九の表や九九でできる図形を作ったり観察したりすることを通して，九九の理解を深め，九九を統合的・発展的に捉えさせるとともに，乗法に関して成り立つ性質に気づかせ，九九のより一層の習熟を図ることができるようにする。

　この目標を達成するための指導計画（総時数7時間）は，次のようになった。
第1次　九九表の不思議・秘密（きまり）……………………………… 4時間

> ○　九九づくりを九九表として一覧表にまとめ，九九表から分かるきまり，秘密を見つける。（3時間）
> ・1時───九九表を知り，段毎に九九表を作りながら，各段毎に見

　　　　　　　　　られたきまりを再発見する。
　　　・2・3時—数表から答えの重なりに気づき，重なりの回数に応じて
　　　　　　　　九九表に色分けする活動を通して，九九の秘密を探る。
　　　　　　　　（本時）
　　○　10分割の円周を9個使い，各段の答えを円周上にとっていった時に
　　　できる図形の特徴から，各段の九九の特徴を見出し，九九表を見直し，
　　　さらに九九表の秘密を探る。（1時間）

第2次　ゲーム遊び（九九表を使った3もく並べゲーム，サイコロを使った
　　　　36もく並べゲーム＜一の段～六の段，四の段～九の段＞）
　　　　………………………………………………………………………… 2時間
第3次　計算練習…………………………………………………………… 1時間

2　多様な見方を促すための工夫

　子どもに多様な見方を促すために，次の働きかけを行う。

---

① 　数表を通して同じ答えがあることに気づかせ，個数に着目して九九
　　表を色分けする操作活動や円を使って，九九を図形として描く操作活
　　動を組む。
② 　個人思考の場を保障する。
③ 　発表された考えを板書し，他の考えと関連づけたり，賞賛したり，
　　妥当なものに仕上げたりしてやる。（位置づける）
④ 　友達の考え方のよさに着目させる発問をする。

3　色分けの活動を組み込んだ九九表の見方の授業

　第1次における2・3時間目の授業について述べる。

第4章　「九九表の不思議・秘密」（2年）の授業づくり | 165

＜数表の中に九九の答えがいくつあるかを考える＞

数表を提示して，次のように発問した。

1	2	3	4	5	6	7	8	9
10	11	12	13	14	15	16	17	18
19	20	21	22	23	24	25	26	27
28	29	30	31	32	33	34	35	36
37	38	39	40	41	42	43	44	45
46	47	48	49	50	51	52	53	54
55	56	57	58	59	60	61	62	63
64	65	66	67	68	69	70	71	72
73	74	75	76	77	78	79	80	81

> 発問1　これは，1～81までの数を順に書いた「数の表」です。きのう，「九九の表」に書いた答えは，この表の中にいくつあると思いますか。大体でいいですので，予想を言ってください。

子どもたちから，30個，45個，33個，55個，81個，63個が出される。

一人ずつ順にかけ算九九を言わせ，九九の答えを○で囲んでいく。一の段を赤のマジック，二の段を青，三の段をピンクという具合に，段毎に色を変える。また，複数回の数には，少しずれるように○をつける。何回その数が出てきたかが分かるようにするためである。表は，次のようになった。

①	②	③	④	⑤	⑥	⑦	⑧	⑨
⑩	11	⑫	13	⑭	⑮	⑯	17	⑱
19	⑳	㉑	22	23	㉔	㉕	26	㉗
㉘	29	㉚	31	㉜	33	34	㉟	㊱

37	38	39	㊵	41	㊷	43	44	㊺
46	47	㊽	㊾	50	51	52	53	㊾
55	㊻	57	58	59	60	61	62	㊿
㊿	65	66	67	68	69	70	71	㊼
73	74	75	76	77	78	79	80	㊽

1つでも○のついた数は，全部で36個であった。

＜36個しかない訳を考える＞

子どもたちの反応を受けて，次の発問を投げる。

> 発問2　秘密をみつけたという人がいますね。発表してください。

次の考えがすぐに出されてきた。
・右側の○のついている数は，九の段の答えになっている。（山崎）
・八の段の答えが斜めになっている。（吉田）
・二の段は，1つおきに並んでいる。（佐藤）

ここではあまり深入りせず，次の発問をつなげた。

> 発問3　九九の式は81個あるのに，答えの数はどうして36個しかないのでしょう。

九九で同じ数になるものがあることに気づかせることにより，1つの数を2数の積で捉える見方を鍛え，九九表のきまりを見つけやすくするためである。
・答えが同じのがあるから。例えば，12と6と8。（小林）
・12になるのは，2×6と6×2がある。（北見）
・まだ，3×4と4×3がある。（土田つけたし）

＜答えが重なっているところを色分けする＞

そこで問う。

> 発問4　一番多く出てくるのは，何という数ですか。

18，12が出される。そこで，何回出てくるのかについて問うた。4回ということが確認され，まだ8と6と24を入れて，5種類あることが指摘された。

前時に完成の九九表を提示しながら，次の指示を出す。

かけられる数＼かける数	1	2	3	4	5	6	7	8	9
1のだん	1	2	3	4	5	6	7	8	9
2のだん	2	4	6	8	10	12	14	16	18
3のだん	3	6	9	12	15	18	21	24	27
4のだん	4	8	12	16	20	24	28	32	36
5のだん	5	10	15	20	25	30	35	40	45
6のだん	6	12	18	24	30	36	42	48	54
7のだん	7	14	21	28	35	42	49	56	63
8のだん	8	16	24	32	40	48	56	64	72
9のだん	9	18	27	36	45	54	63	72	81

> 指示1　では，九九表の数をクーピーで色分けしてみましょう。
> 　　　　この数の表の1の方から順に見ながら，4回出てくるものは緑，3回のものは黄色，2回のものは赤，1回のものは黒の鉛筆で，九九表の答えの数のところを○で囲ってみましょう。

答えを書き込んだ九九表（ワークシート）を配り，1，2，6の数の場合を例にして一緒にやって見る。難しそうな子どもには，同じ数のところにお

はじきを置いてやった。

　このように一人ひとりに実際の色分けの作業をさせることによって，九九表のきまりへの着目が子どもたちにとってより容易になってくるのである。

　それぞれの数は，次の通りである。

・4回のもの―6，8，12，18，24（5個）
・3回のもの―4，9，16，36（4個）
・2回のもの―2，3，5，7，10，14，15，20，21，27，28，30，32，35，40，42，45，48，
　　　　　　　54，56，63，72（22個）
・1回のもの―1，25，49，64，81（5個）

＜九九表から言えることを自分なりにまとめ，発表する＞

　大体が終わったことを確認して，前もって色分けをしておいた部分を黒板の九九表に重ねていった。カラフルになった表にみんなの目が集中した。そこで，発問した。

かけられる数＼かける数	1	2	3	4	5	6	7	8	9
1のだん	1	2	3	4	5	6	7	8	9
2のだん	2	4	6	8	10	12	14	16	18
3のだん	3	6	9	12	15	18	21	24	27
4のだん	4	8	12	16	20	24	28	32	36
5のだん	5	10	15	20	25	30	35	40	45
6のだん	6	12	18	24	30	36	42	48	54
7のだん	7	14	21	28	35	42	49	56	63
8のだん	8	16	24	32	40	48	56	64	72
9のだん	9	18	27	36	45	54	63	72	81

＜■（緑）は4回，■（黄）は3回，□（赤）は2回，□（黒）は1回＞

　発問5　1つずつの段については昨日振り返ったのですが，今度は，こ

> の九九の表全体を見渡してみてこんな秘密があるよというものがありますか。いくつくらいさがせるかな。沢山さがして，九九の表の右側の「ひみつ，みつけた*!!!*」というところに書き込んでください。

次の発見が出された。
① 1個しかない答えの場合，右下がりの斜め線（1―81の線）の上にある。（長谷川）（※主対角線）
② 縦，横，斜めから見ても，5番目のところがちょうど真ん中になっていて，25になっている。（山崎，佐藤つけたし）
③ 1―81の線で折ると，同じ数がぴったりと重なる。（國井，山内付け足し）
④ 1―81の線も，25のところで折ると，一の位同士が同じ数である。（玉木）
⑤ 五の段だけ見ると，5，0，5，0・・・となっている。

ここまでで，2時が終わる。終了後，前に来て説明してくれる子どもが続いた。

3時は，2時に見つけたきまりを概観した後，その他のきまりの発表を続けた。

⑤の妥当性が問題とされた。「五の段のことだけなので，全体についてのことではない。」の指摘を受けて，⑤は，1時の考え方の用紙に書き加えられた。

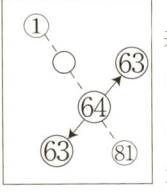

⑥ 1-81の線の上にある数は，それと直交する両隣の数は共に1少ない数になっている。（北見）
（この訳についても，説明しようという助け舟もあったが，この時間では納得のいく説明まで達することができなかった。家庭学習でも問い続け，次の日，山内が図をかいて説

⑦ 11, 22, 33, 44, ・・・などの数になるものが，九九の答えにない。（玉木）
⑧ 「かけられる数」と「かける数」が反対になっているのは，みんな答えが同じ。（長谷川）
⑨ 1×1，5×5，7×7，8×8，9×9は，ほかに同じ答えになる仲間がない。（鹿取，吉田つけたし）
⑩ 1－81の線の上にある数は，全体でその数が出てくる回数が1回か3回かのどちらかである。（1回を越えるものは，もう1つのかけ算の式のほかに，交換の式で答えが同じものが必ずあるから。そうすると，同じ答えになるもので，違う数の組み合わせの式があれば，必ず4通りあることになる。）（神田）

⑪ 1 2 3 4 5 6 7 8 9

合わせると10になる段同士は，答えの一の位が，逆向きに同じになっている。例えば，一の段が1, 2, 3,・・・と行く時，九の段は・・・,3, 2, 1となっている。（砂田）

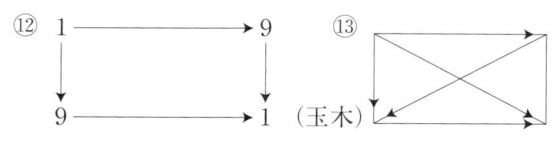

⑫ 1 → 9
   ↓   ↓
   9 → 1 （玉木）

⑬ 2とびでできる数が1つおきにある。（山内）

⑭ 1の段 2 3 4 5 6 7 8 9

合わせると10になる段同士の九九（1×9，2×8，・・・）の答えが，左下がりの斜め線の上にきている。（神田）

⑮ 例えば，4の段
4 8 12 16 20 24 28 32 36

かける数が合わせて10になるところの答え同士をたすと，

第4章 「九九表の不思議・秘密」（2年）の授業づくり | 171

　　　　　　　　　　　　　　　　　□0というぴったりの数にな
　　　　　　　　　　　　　　　　　る。（佐藤）
⑯　マス目□の数が，×9の答えのところでぴったりと合っている。（細川）
⑰　9―9の線で折っても，一の位だけなら同じ数がぴったりと重なる。
（北見）（※副対角線）

　特に③と⑧とから，かけ算九九は1―81の線よりも上の部分の九九36通りと線上の9通りの合計45個を最低限覚えればいいということにも気づいていった。

＜友達の考えのよさをまとめる＞

> 発問6　①　今日の学習で，友達のどんな考えが勉強になりましたか。
> 　　　　②　また，これからがんばりたいことは何ですか。
> 　　　　それを，この振り返りプリントにまとめておこう。

　①については，次のようなまとめが見られた。
・北見くんの考えがべんきょうになりました。北見くんの考えで，九九のはっけんがよく分かりました。わけもこんどしりたいです。（竹内）
・玉木さんが，かけ算にない数を発見したのはすごいなと思った。（小林）
・みんなのおかげで，九九のひみつがたくさん分かりました。81問しかないのに，たくさんのふしぎ，ひみつなど出て，九九っておもしろい。（玉木）
・一のだんから九のだんまで，やく7分ぐらいでできるけど，半分におると，4，5分でできるからすごい。（元井）
・とてもたのしいべんきょうでした。・・・みんなのを聞いたら，「ああ，それもあったな。」と思いました。（富田）

　このように，2・3時間目では，数表の中に九九の答えがいくつあるかをみることを通して，答えが同じになる九九があることに気づき，それらを色分けすることで，九九表に見られるきまりを多様に見出すことができたのである。

4 九九がつくる図形の美しさを実感させる授業

第1次における4時間目の授業では、九九が円の内部に描く形を作らせる活動をとり入れた。

先行研究として、ミュンヘン・シュタイナー学校での実践、片上宗二の2年生での提案、岡田恵美子の3年生での実践がある。それぞれ、子安美知子『ミュンヘンの小学生——娘が学んだシュタイナー学校——』(中公新書、1975年、pp. 188-190)、片上宗二「授業の可能性への挑戦」(『教室ツーウェイ』No.7、明治図書、1986年9月、pp. 53-55)、岡田恵美子「かけ算九九は美しい——九九でたどる図形——」(『教室ツーウェイ』No.27、明治図書、1988年1月、pp.55-57) に述べられているものである。

ここでの教師の働きかけは、次のとおりである。

---

(1) 発問「この形は、かけ算九九のある段の答えを順につないでいったときにできたものです。さて、それは何の段でしょう。次のなかから選びなさい。

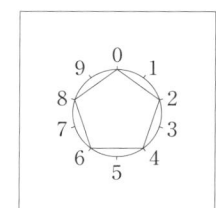

① 一の段　② 二の段　③ 三の段」

(2) 説明「正解は、②の二の段です。0からスタートして、二一が2、二二が4、二三が6、・・・二九18と、答えの一の位を九九の順につなぎ、最後に0に戻ったときにできた形です。みんなも、プリントでやってみよう。」(ワークシート配付)

(3) 発問・指示「ほかの段はどんな形になるだろう。それぞれの段についてもやってみよう。九九を順に唱え、その一の位を順に結んでみよう。」(同じ形のもの同士に気づく。)

(4) 指示「五通りの仲間に分かれましたね。それぞれの形に名前をつけてみよう。」

第4章 「九九表の不思議・秘密」（2年）の授業づくり | 173

(5) 指示「九九の形を見て，気づいたことをノートに書きなさい。」
（「九九の形の不思議」のタイトルで，出された意見を板書する。）

この働きかけは，岡田恵美子の3年生での実践の修正追試である。
原実践での働きかけは次のとおりであった。

㋐ 説明1「（十個の点のついた円を九個かきこんだ作業プリントを配付し）今日は九九の復習です。黒板に二の段でやってみます。二一が（2―子ども），二二が（4）・・・二五（10）。」（九九の答えに合わせて，円周上の数字を直線で結んでいく手順を説明する。）」
㋑ 指示1「ほかの段もやってみましょう。九九の一の位を線で結びなさい。」
㋒ 指示2「四通りの図形ができましたね。それぞれ名前をつけてみましょう。」
㋓ 指示3「九九の図形をかいてみて，わかったこと，気づいたことをノートに書きなさい。」

(1)の発問と(2)の説明は，㋐の説明1を修正したものである。(1)の発問では，三者択一（三択）のクイズ形式にし，自分なりに思考・根拠に基づいて選択できるものとした。意欲的なとりくみをねらうためである。(2)の説明では，㋐の説明1に「0からスタートして」と「最後に0に戻る」の言葉・手順をつけ加えた。九九だけの範囲では，一，三，七，九の段では閉じた図形にならないからである。

(3)，(4)，(5)の働きかけは，それぞれ，原実践の㋑，㋒，㋓に対応し，修正は2年生の子どもにあわせた言葉の修正だけである。

ワークシートとして，次のものを作成し，使用した。右側の空白は，でき上がった図形から気づいたこと，すなわち，自分たちで見つけた不思議・秘

第Ⅱ部　自ら考えみんなで創り上げる算数学習の授業づくり

密を書くためのものである。

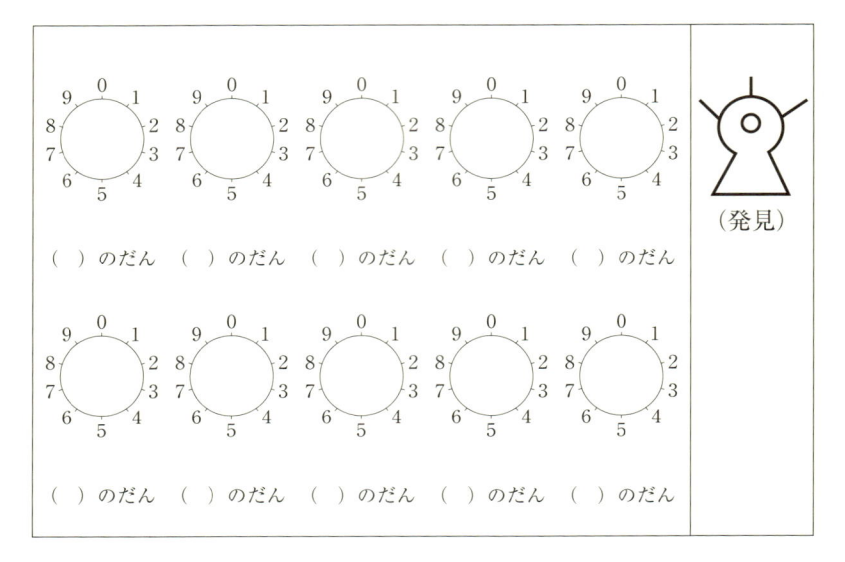

出来上がった形とそれぞれの仲間のニックネームは，次のとおりであった。

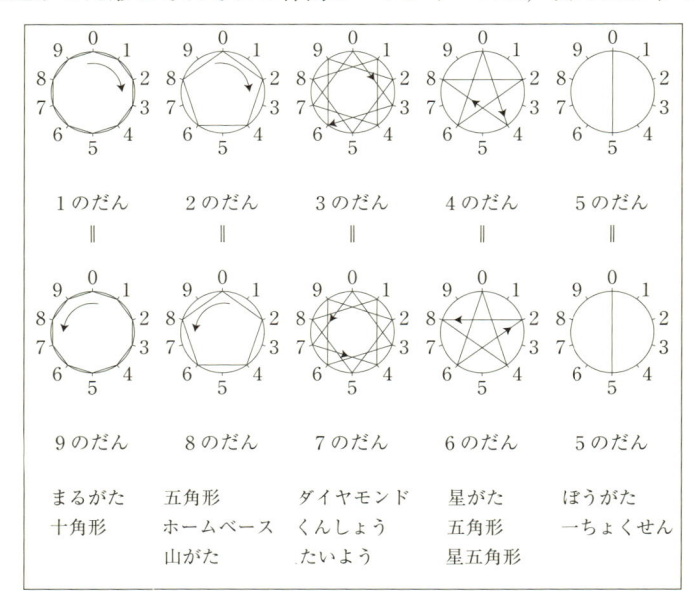

1のだん	2のだん	3のだん	4のだん	5のだん
‖	‖	‖	‖	‖
9のだん	8のだん	7のだん	6のだん	5のだん
まるがた 十角形	五角形 ホームベース 山がた	ダイヤモンド くんしょう たいよう	星がた 五角形 星五角形	ぼうがた 一ちょくせん

第4章 「九九表の不思議・秘密」（2年）の授業づくり | 175

　これによって，一の段と九の段，二の段と八の段，三の段と七の段，四の段と六の段でできる形（勝見）が，言い換えると，たして10になる九九同士が（長谷川），それぞれに同じ形になることに気づいていった。九九の形の不思議についてより一層興味を示すこととなった。前時の，反対回りで同じ数が出てくるという，⑪の性質は，ここでさらに裏付けられることとなった。
　その他にも，次のような気づきが活発に発表されてきた。
・十の段ではできない。（玉木）
・上の段（一〜五の段）は右回りで，下の段（六〜九の段）は左回りになっている。（北見，前時の⑪と⑰とに関連していることを確認する）
・五の段は，たして10になる九九の仲間も五の段になる。（神田）
・一と九の段の仲間と三と七の段の仲間では，一の位に1〜9の数字全部が出てくる。（加賀田）
・二と八の段の仲間と四と六の段の仲間の場合の一の位は，1，3，5，7，9がくる。（砂田，白井）

第5章／「どんな発言」がとびだせばよいか

　授業がうまくまとまるかどうかは，もちろん子どもたちの発言にかかっている。その発言が本領を発揮する場面は，追究問題に対して出されてきた多様な解法を検討する場面である。
　そこは，いわば授業の山場である。
　授業で，子どもたちは，追究問題に対してさまざまに考え，多様な解法を出してくる。そして，それらの解法について検討が始まる。
　ここでの子どもたちの発言は，決定的に重要である。問題を本当に解決し，まとめ，それらの解法を自分たちのものとするものは，子どもたち自身の発言だからである。
　しかし，とかくこの場面になると，発言が途切れて，教師が一方的に進めてしまうことが多い。当然，授業のねらいが達成できないで終わることとなるのである。
　それとは反対に，この検討がうまく言った場合，授業は活気づき，面白いものとなる

1　解法の検討とは

　自分なりの論理・筋道で生み出してくるものは，個々の子どもによって異なる。それを，正誤やつまずきの有無にこだわらず，素直に出してくる。
　解法の検討以前に，まずもって，そういう発表・発言が大切である。
　結果として，追究問題に対して多様な解法が出されてくることになる。
　子どもたちが発言で本当に活躍するのは，その次の，解法の検討の段階である。
　この検討の段階は，2つに分かれる。妥当性の検討と有効性の検討である。

解法の妥当性の検討は，解法個々における論理の妥当性を検討していくものである。本当に追究問題を筋道立てて解決している解法といえるのかどうかの検討である。

　ここでは，解決にいたる解法はすべて大切にし，それらを理解・習得させるようにしたいものである。これらは，互いに他の解法の正しさの裏付けになると同時に，互いのよさ（長弱）の比較・検討をも容易にするものである。

　有効性の検討は，解法すべてを射程距離に置き，「それらのなかに見られる共通の考え・手続きは何か」とか「それらのなかからとり出せるより有効な（秀でた）解法はどれか」について検討をしていくものである。

　算数科では，解法の検討の場面として，このように，妥当性の検討で認められたり補完されたりした複数の解法に対して，新たな視点から比較・検討を促す場合がある。解法相互に見られる解法や手続きの仕方の共通性に着目してまとめ・関連づけたり，よりよい解法を選び出したりする場合である。

　以上のような検討の場面で，特に大切にしたい発言は，次のものである。

---

(1)　多面的な検討の仕方が現れる発言
(2)　自分の解法を見直し，修正ないし取消ししていく発言
(3)　友達の解法を生かしていこうとする発言
(4)　未完の解法を自分の疑問として出してくる発言

　ここでは，妥当性の検討場面を例に，特に1，2を中心に述べてみたい。

2　多面的な検討の仕方が現れる

　個々の解法は，着想，解決過程，及び解からなる。
　妥当性の検討は，それらを次の2つの視点で検討することである。
① 　解決のための着想に従うと解決（解）にいたるのかどうかというレヴェル（着想レヴェル）

② 着想がいいとすれば，その着想と解決過程（論理展開）とが整合しているかどうかのレヴェル（過程レヴェル）

着想レヴェルでの検討とは，着想（考え方）は追究問題を解くのに妥当（ふさわしいもの）であるかどうかということである。

過程レヴェルの検討とは，その着想でとりくんだ場合に，途中の解決過程（論理展開）は妥当である，整合的であるかどうかということである。

これらの検討で大切にしたい発言は，それ以後の授業でもつねに力を発揮してくる検討の仕方である。このような発言が出てくれば，しめたものである。妥当性の検討を有意義に進めるばかりでなく，検討の仕方をも学ばせることができるからである。

ここでは，妥当性の検討を，4つの視点で，子どもたちなりに論理的に進めていった例を具体として述べる。

2年の単元「かけ算(1)」（7時間）での例である。

第一次「何のいくつ分」（2時間），第二次「いろいろな表し方」（2時間），第三次「倍の意味とかけ算の式」（3時間）と進めた時の第2次1時間目の授業である。

「何のいくつ分」と聞いただけで，その数だけの半具体物（牛乳のキャップ）を，長方形型や一かたまりずつの並べ方で出すことができる子どもたちに対して，それまでの指導の流れとつなげながらも，いく分挑戦的な発問からスタートした。

発問　昨日，勉強した「○のいくつ分」の出し方，できるかな。
指示　では，試してみます。牛乳のキャップを出してください。（50枚入りの袋）「8の3つ分」です。

並べ方（本時は，長方形型で）の確認，総数が24枚であることの確認の後，本時の追究問題を提示する。

> 発問　この24個は、「8の3つ分」のほかに、まだ「○の□つ分」というふうに見ることができるでしょうか。

実際に牛乳のキャップを並べながら考えさせ、ワークシートに記入させていく。

個人思考の後、子どもたちは、次の14の解を出してきた。

① 8の3つ分	② 6の4つ分	③ 12の2つ分	④ 1の24こ分
⑤ <u>9の2つ分</u>	⑥ 4の6つ分	⑦ <u>8の2つ分</u>	⑧ <u>3の9つ分</u>
⑨ 3の8つ分	⑩ 24の1つ分	⑪ 2の12こ分	⑫ <u>9の3つ分</u>
⑬ <u>12の4つ分</u>	⑭ <u>7の4つ分</u>	（※下線―後で検討されたもの）	

発表の途中、「えー？」などの声があがっているものもあった。
そこで、次の発問をした。

> 発問　たくさん見つけられましたね。これらの考えは、みんな「□の○つ分」になっているといっていいですか。

多くの手が挙がり、発言が続く。妥当かどうかの検討が始まったのである。

C_1　（前に出て）私は、「7の4つ分」に反対します。わけは、たとえば、初めの図は「8の3つ分」だったから、各列8番目の○を1個ずつの3個をぬけといて、そのかわりに3列目の下に

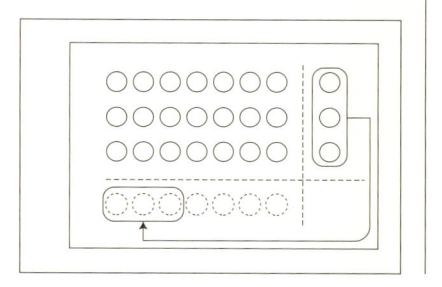

1列7個をたすとしたならば，それで，さっきぬいた3個をその7個のところにもってきても，あと4つが余るからおかしいと思います。いいですか。(拍手)

C_2　私は，「8の2つ分」がおかしいと思います。わけは，8を2回たすと，8+8で16になりますね。それで，24にならないのでおかしいからです。(拍手)

C_3　私は，「9の2つ分」に反対します。そのわけは，9の2つ分だと18個になりますね。だからおかしいと思います。(拍手)

C_4　ぼくは，「9の3つ分」に反対します。わけは，9を3回たすと27になって，3つオーバーするから，多いから違うと思います。(拍手)

C_5　私は，「12の4つ分」に反対します。そのわけは，12が4つあったら12+12+12+12で48になるからです。(拍手)

C_6　(つけたし発言) それに，「12の4つ分」だと，「12の2つ分」も出ているので，12+12というのは24で「12の2つ分」がいいんだから，12の4つ分だとすこし多くなります。(拍手)

C_7　私は，「3の9つ分」がおかしいと思います。わけは，3が9こあって，27になって，24にはならないからです。(拍手)

C_8　(つけたし発言) さっきのにつけたしです。それに，「9の3つ分」がさっき出ましたね。それで，その反対になっているから，おかしいです。

T　詳しく説明してくれる人，いませんか。

C_9　これは，「3の9つ分」ですね。ここまでいいですか。(全員—「はい。」)

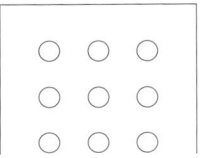

第5章 「どんな発言」がとびだせばよいか | 181

```
  ○ ○ ○
  ○ ○ ○
  ○ ○ ○
  ○ ○ ○
  ○ ○ ○
  ○ ○ ○
  ○ ○ ○
  ○ ○ ○
```

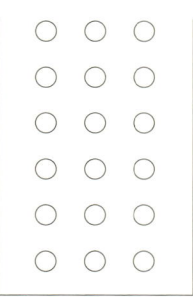

これを横に動かすと,「9の3つ分」と同じになるからです。

```
○○○○○○○○○
○○○○○○○○○
○○○○○○○○○
```

検討の後,4つの検討の仕方を賞賛し,板書してやったのである。

ここまで9つの発言が見られるが,検討の仕方という点で見ると次の4つにまとめることができるのである。

A　24になっているかどうか
　　（基準・追究問題との対応—C_2〜C_5,C_7）
B　「もし〜なら」で考える
　　（仮定する・関連づける—C_1）
C　これは正しいのだから,もう一方の方は駄目だ
　　（関連づける—C_6）
D　これが駄目なら,その逆も駄目だ
　　（観点を変える・関連づける—C_8,C_9）

教師は，発言の内容面だけに目を向けるのではなく，このような検討の仕方そのものにも着目し，そのような検討の仕方や意義をすかさず子どもたちの頭のなかに顕在化してやることである。

　多様な解法を論理的に検討させる見方・考え方を育てることは，算数科の指導において，重要なねらいの一つでもある。

　妥当性の検討で見られた検討の仕方は，有効性の検討の段階にも生きてくるのである。

　この段階では，特に共通の基準に照らして分類したり，関係づけたり，視点（簡潔，明確，統合，筆算化など）を変えて検討したり，違う数値の場合を仮定して検討したりする見方・考え方の発言を見逃さずに顕在化してやりたいものである。

3　自分の解法を見直す

　自分の解法について指摘されたり，他の解法を聞いたりしているなかで，自分の解法を見直し，その欠陥・不備に気づき，自分から修正ないし取消してくる場合が見られる。このような発言の見られる授業は，一人ひとりが真剣にとりくんでいる授業の証である。

　このような発言をするということは，自分の非を認めることである。当人にとっては勇気のいることであり，難しいことである。特に，自分の解法に満足しがちな低学年ほど難しいものである。

　友達の解法や指摘がその子どもに響き，一生懸命に考えたあげくに，自分の解法について勇気をもって発言してくるのである。

　この場合，頭のなかでは次のような思考を経由して，発言してくるものと考えられる。

・「○○君の指摘はよく納得できるものだ。だから，これはおかしい。」
・「○○君のこの点（途中の計算など）は納得できた。それでもうまく生かしていくとしたら，この部分をこのように修正していけばよいのではない

第5章 「どんな発言」がとびだせばよいか | 183

だろうか。」

例を，同じ単元「かけ算⑴」の第1時に遡ってみたい。

教師が何枚か重ねた紙テープをはさみで切り落とす場面を見せ，切り落とされた紙片の枚数と同じだけの牛乳キャップを一々数えたり計算したりしないで出す活動を通して，切り落とした紙片の枚数は重ねた紙の枚数と切った回数（○のいくつ分）に着目すれば並べられることに気づかせる授業である。

6枚のテープを4回切った場合の出し方が問題の場面である。

> 発問　全部の数を数えなくても，確かに落ちた枚数と同じ数だけ出してあるということが分かるように，工夫して並べてみよう。

次のような出し方が発表されてきた。

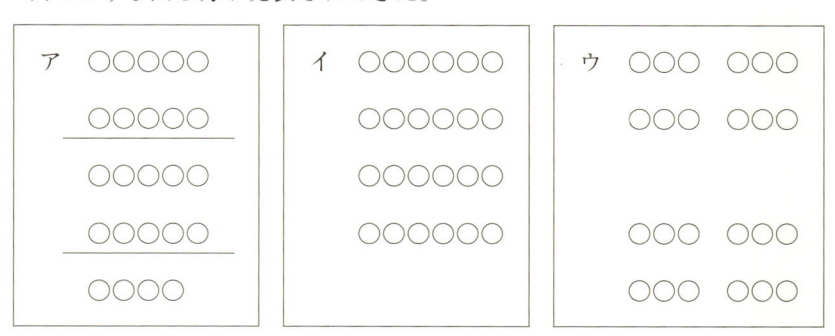

```
ア  ○○○○○        イ  ○○○○○○      ウ  ○○○  ○○○
    ○○○○○            ○○○○○○          ○○○  ○○○
    ○○○○○            ○○○○○○
    ○○○○○            ○○○○○○          ○○○  ○○○
    ○○○○                                  ○○○  ○○○
```

これらの発表のあと，アを発表した山川が発言してきた。

> 　私の考えに反対します。わけは，数えないと答えが分からない，6つずつじゃないとだめだからです。

普段あまり発言をしてこない，どちらかと言うとおとなしい女の子である。アを発表した後，イ，ウの発表を聞いた山川は，自分の解法アに対して，自分の解法を見直し，勇気を奮い起こして発言してきたのである。みんなが納

得したところで，自分の考えに反対してきた勇気ある行為を大いに賞賛したのであった。

4　友達の解法を生かそうとする

　友達の解法に対して，「うまく生かせる」という発言も，貴重なものである。友達の筋にのっとり，一生懸命に考え，不備に気づいたものの，それを何とか役立てようという姿勢の見られるものである。

　それは，「友達の考えは，自分の考えや既に発表された考えと着想や結果が違っている。その考え方でもできるのだろうか。できないとすれば，どの部分を修正すれば，うまく生かすことができるだろうか。」と考え，友達の解法の着想や解決過程を修正し，筋道の通ったものにしようとする発言である。

　子どもは，とかく，発表された考えのどこかに少しでも不備なところとか自分の考えや前に発表された考えと比べてより劣っていると判断する箇所が見られると，すぐにそのことを問題にしてきがちなものである。そのことを指摘するだけで，再度見直そうとか着想を生かして（ないしは修正して）よりよいものに仕上げようとすることが少ない。その結果，個々の考えを生かしきれないで終わってしまうことが多いものである。

　そんななかでの発言である。共に学び合おうとする貴重な発言である。

　5年の単元「小数のかけ算」（5／11）の場面から例を挙げてみる。「÷小数の計算の意味」，「整数÷小数」を受けての「小数÷小数の計算の仕方」の場面で，具体問「$4.32 \div 1.8$」に対して，「$(4.32 \times 100) \div (1.8 \times 10)$」という解法が出された。（次ページの図）

　これに対して，反対意見として「対応数直線で考えると，上と下が合わないので，できない。」が出される。

　それに対して，「生かせる，生かせる」というつぶやきが，いくつか聞こえる。すかさず，出されたのが，次の発言である。

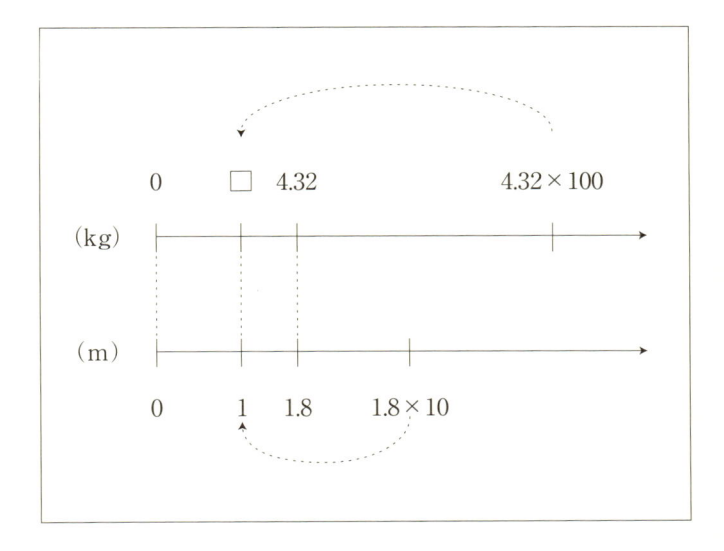

```
                    ┌────────────────────────────────────────┐
                    │         ┌·········▼············┐        │
                    │         ·                      ·        │
                    │    0    □   4.32          4.32×100      │
                    │(kg) ├───┼───┼──────────────┼──────→     │
                    │                                          │
                    │(m)  ├───┼───┼──────────────┼──────→     │
                    │    0    1  1.8          1.8×10          │
                    │         ·                  ·            │
                    │         └·········.········┘            │
                    └────────────────────────────────────────┘
```

> 　上下が合うように，10倍か100倍のどちらかに合わせればいいです。100倍の方の考えは出ているので，両方を10倍すればできます。

　「(4.32×100)÷(1.8×100)」の考えがすでに出ていたので，「両数に10をかける解法」として生かされることになるのである。後々簡便な方法として中心になってくる重要な解法が生み出されることになったのである。

5　未完の解法を疑問として出す

　未完の解法を自分の疑問として，解法の発表場面の最初に出してくる場合がある。この発言は，同じような疑問をもつ子どもたちだけでなく，それを発表で分からせようという子どもたちに対してもそれ以後の時間をより真剣にとりくもうとさせることになり，貴重なものである。

　5年の単元「分数のたし算とひき算」を例に挙げる。真分数同士のたし算の計算方法について考える場面で，具体問として「$\frac{1}{2}+\frac{1}{3}$」の計算で自力解

決した後の発表場面でのことである。

　実際に紙テープ（1, $\frac{1}{2}$, $\frac{1}{3}$の大きさのもの）を使っていた赤木が，最初に，訳は分からないので未完だと断りながらも，図を使いながら，「合わせてみたら，$\frac{5}{6}$になりました。でも，どうしてそうなるのか分かりません。」と発言してきたのである。

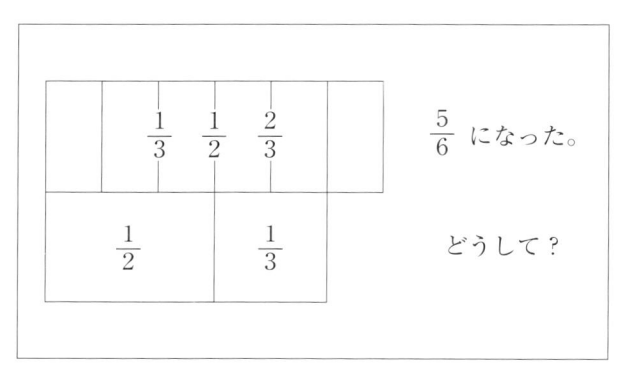

```
┌─────────────────────────────────────────┐
│   ┌───┬───┬───┐                         │
│   │ 1 │ 1 │ 2 │    5                    │
│   │ ─ │ ─ │ ─ │   ─ になった。          │
│   │ 3 │ 2 │ 3 │    6                    │
│   ├───┴───┼───┘                         │
│   │   1   │ 1 │                         │
│   │   ─   │ ─ │      どうして？          │
│   │   2   │ 3 │                         │
│   └───────┴───┘                         │
└─────────────────────────────────────────┘
```

　この発言は，まだ解けていない子どもたちの頷きを得ると同時に，その子どもたちに対して真剣に聞こうという構えを持たせることとなった。また，その発言は，他の発表者に対しても，その訳をよく分からせるんだという意気込みを持たせることとなり，力の入った説明がなされることとなったのである。

第6章／反応がにぶい時、授業をどう変えるか

1 克服すべき反応のにぶい場面

　計画の段階で，教師は当然，子どもがくいついてくる授業をと考える。そして，それを検証すべく実際の授業にかける。しかしながら，うまくくいついてくると考えたものがそうならない場合がある。
　いわゆる反応がにぶい時である。このような場面は，子どもたちにここちよい緊張感が観られず，授業場面として盛り上がりに欠ける時である。
　このような場面のなかで，算数科として特に注視し，克服していかなければならないのは，次の場面である。

---
(1)　問題意識が高まらない時
(2)　解決の糸口がつかめない時
(3)　解法の妥当性の検討で行き詰まる時
(4)　解法の有効性の検討で行き詰まる時
(5)　気分的にのってこない時

2　克服するための14の方法──授業の作戦をこう変える──

(1)　問題意識が高まらない時

　追究問題の提示にもかかわらず，子どもたちが問題追究の必要を感じない時，つまり，追究問題の意義・価値に気づかない時，子どもたちの反応はにぶくなる。

問題意識の醸成がうまくなされていないからである。追究問題そのもの，及びその設定の仕方に問題があると考えられる。「その問題は解かずにはいられない」というような切実な問題意識や「それ，是非やってみたい」という興味・関心・面白さに目覚めさせていないのである。

追究問題の意義・意味を再度認識させるよう試みなければならない。

この時，授業の作戦を次のように変える。

> ① 実演や操作，絵図化の活動を導入し，追究問題の意義・意味を再認識させる。

みんなの前で実際に何人かの子どもを使ってやらせてみたり，各自に実際に絵図化や操作の活動を試みさせたりすることによって，追究問題の意義・意味をつかませることができる。この方法は，同時に，解決の糸口に気づかせることにもなる。

> ② 再度，既習の関連事項との違いを明確にさせたり，追究問題と同類の問題を2〜3題作らせてみたりする。

同類の演算式を各自に作らせることにより，追究問題の新しさや克服すべき部分を自覚させることができる。

> ③ コンピュータやVTRによる動的な場面を含む提示の場合，その提示を繰り返す（リプレイ）。

提示の繰り返し（リプレイ）が追究問題の意義・意味や解決の糸口の把握をより容易にする場合もある。

> ④ 「その壁を乗り越えることが君たちにできるだろうか。」などの投げかけにより，挑戦意欲をあおる。

このような手だてにより，子どもたちは追究問題の意義・意味や興味・関心・面白さに気づき，その解決意欲に勢いが見られるようになるのである。

(2) 解決の糸口がつかめない時

また，追究問題の意義・意味には気づいたものの，「いざ自力解決を」という段階にいたって，何も手がつけられないという場合がある。

この時，子どもたちの反応はにぶくなり，解決に向かう気迫にかげりが見えてくる。

これは，追究問題を攻略するための糸口がつかめないためである。子どもたちが，「とても解けそうにない」と感ずるために，手がつけられないのである。

この時，授業を次のように変える。

> ① 友達の解決の計画（着想）を発表させる。

解法への鍵となる着想を聞き合うことにより，糸口をつかめなかった子どもたちも，自分にとってやりやすい着想を手がかりとしてアタックすることができるようになる。同様に，グループ内（2～4人）で計画を出し合わせた後，各自ノートで実行させることも有効である。

> ② 「それまでの既習事項での考え方を使って何とか解けるようにならないだろうか」とか「このように問題を見つめ直したらどうであろうか」などの投げかけによるヒントを与える。

状況によっては，解決の糸口を見出せない子どもたちだけを前に呼んで行う。比較的人数が少ない場合は，個別指導（机間巡視）で対応することもできる。つまずきのタイプに応じたヒント（ないしは，アイディア）カードを渡すのもよい。アイディアカードは，これまでの学習で発見された方法的なアイディアをまとめたものである。その問題の解法につながる項目に印をつけたものが効果的である。

> ③　具体的な操作をとり入れる。

　半具体物による操作は，糸口をつかめないでいる子どもたちの思考を促すことに大いに役立つものである。

　具体例で示すと，こんな具合である。②の例である。

　4年「小数のかけ算」の意味理解の指導場面である。

　提示したいくつかの式の形が「整数×整数」型と「小数×整数」型（未習）の2つのタイプに分けられることに気づいた後，まだほかに未習の「小数×整数」型の式になるような実際の場面があるのかどうかについて考える場面である。

　発問「実際の場面で，小数×整数の式になるような場面はあるのだろうか。0．3×4になる場合で考えてみよう。」の追究問題が設定され，各個人の追求に委ねられる。この場合である。

　子どもたちの反応がにぶくなりがちなところである。この働きかけだけでは，考える手がかりがなかなか得られないためである。

　この時，次のような切り返しが効果を発揮する。
・補助発問1「0．3と4がどんな量か分かるように，両方の数字に単位をつけて，問題文の形でノートに書きなさい。」（連続量を意識させる）
・補助発問2「0．3のように小数で表されるものにどんなものがありますか。」

(特に考えに窮する子どもに対して，個別指導)
・補助発問3 「『整数×整数』では，どんな問題がありましたか。3×4の場合で考えてみよう。」

(3) 妥当性の検討で行き詰まる時

　先の4年「小数のかけ算」の場面を思い出してほしい。それに続く場面である。

　さまざまな「実際場面」が競って発表された後の場面である。ここでは，それらの場面が，式に照らしてそれぞれに妥当であるかどうかが検討されてこなければならない。新しい演算式の意味理解の指導として重要な場面である。

　しかし，この時，妥当なものばかりの発表が続き，ややもすると新しい演算の意味が明確にとらえられることなく，それぞれがすんなりと認められて終わることが多い。このような場合，発問「これらは，みんな，0.3×4の式になると言っていいですか。」では，子どもたちの反応はにぶく，その理解は表面的なものに留まったままとなる。

> この時，威力を発揮する方法が誤答の提示である。

　この提示により，自分たちの考えた「場面」(それまでに発表された「場面」)とここで提示された「場面」(誤りの部分を含む)との差異に気づき，差異が生じた理由を検討し始めるのである。

　このような比較・検討の思考により，それまでに発表された「場面」の正しさ(妥当性)がより鮮明になってくるのである。

　では，どのように誤答を提示するのか。

　子どもの誤答をうまく活用できる場合もあるが，それがうまく行かない時は，誤りの部分を含む1つの「場面」を紹介するのである。

たとえば、次のように働きかけるのである。

> ─補助発問─
>   前の四年生で、こんな問題を考えてくれた人もいました。それを紹介します。
>   「牛にゅうののこりが0.3ℓになりました。そこで、4ℓお店から買ってきました。全部で何ℓになったでしょう。」
>   これらは、みんな、0.3×4の式になると言っていいですか。

この提示により、子どもたちの思考がゆさぶられ、「ちょっと待てよ。それはおかしい。」と反論し、これらの検討を通して、理解が一層深まることとなるのである。

（4） 有効性の検討で行き詰まる時

多様な解法をもとに、よりよい解法を選んだり、まとめたりする場面が有効性の検討場面である。ここでの討論が行き詰まった時、子どもたちの反応はにぶくなる。

よりよい解法であれ、そうでないものであれ、あまりこれといった論拠もないまま、よりよいものと判断して一つの解法に落ちついてしまい、討論が袋小路（アポリア）に陥り、進まなくなった状態である。

選択・決定のための論拠が必ずしも満足のいくものでなく、納得度の弱い場合は、討論を通して、AならAの解法のよさをさらにアピールしなければならないところである。

こんな時、私がよく採る2つの方法がある。

> ①　教師が「プラス1名の子ども」を演ずる。

教師は、「プラス1名」の子どもとして、少数意見の方を応援するのであ

第6章　反応がにぶい時，授業をどう変えるか | 193

る。

> ②　実際に，検討されている方法すべて（ないしはその幾つか）を同類の他の問題に使わせ，追体験させる。

　後者の例を示す。5年「小数のわり算」の筆算の仕方の学習の時のことである。（※「ジャンプ型」学習問題）

　計算の仕方としていくつかの考え方（この場合は，4通りであった）が出され，それらを筆算の形に結びつけた時，どの考え方でやった場合がいちばんやりやすいと言えるかという検討をすると，最終的には，次の2通りに意見が分かれる。両方とも整数にして計算する方法と，わる数だけはとにかく整数にしてやる方法の2つである。

①
$$4.32 \div 1.8$$
$$=(4.32 \times 100) \div (1.8 \times 100)$$
$$= 432 \div 180$$
$$= 2.4$$

⇩

```
          2.4
1,80 ) 4,32
       3 6 0
         7 2 0
         7 2 0
             0
```

②
$$4.32 \div 1.8$$
$$=(4.32 \times 10) \div (1.8 \times 10)$$
$$= 43.2 \div 18$$
$$= 2.4$$

⇩

```
        2.4
1,8 ) 4,3.2
      3 6
        7 2
        7 2
          0
```

　自分たちで他の数値の場合の式を出し合い，「この場合はどうか」と迫れるまでになっている場合はそのまま検討が続き，ある程度の収束を見せる。しかし，そうでない場合，ここで行き詰まってしまう。こんな時，次のような示唆を与える。

> どちらがやりやすいか，両方のやり方で，24.96÷5.2をやってみて，比べてみよう。

これを受けて，次のようなやり方が体験される。

```
①
         4.8
5、20 ) 24、96 (.)
       20 80
        4 160
        4 160
            0
      (整数÷整数)
```

```
②
         4.8
5、2 ) 24、9.6
      20 8
       4 16
       4 16
          0
     (小数÷整数)
```

このような示唆により，全員が両方のやり方を体験し，それをもとに，その後の討論が再度活発なものとなり，収束の方向へと進んでいったのであった。

（5） 気分的にのってこない時――とっておきの小わざ――

子どもたち全体が時として気分的にのってこない場合がある。そんな時に効果を発揮するとっておきの「小さな技」も心得ておきたいものである。

受身的・消極的な態度を能動的な態度へと一変させるものである。緊張感を引き出したり，盛り上げたりする方法である。

> ① 「全員起立」方式で動かす。

発表意欲が希薄な時は，全員を起立させ，自分と同じ解（ないし解法）が

すべて言いつくされるまでそのままの状態で解（ないし解法）の存在を示させる。また，ある時は，問題を解決するための自分なりの計画を立てる段階で起立をさせ，「いざノートで始動」の段階で座らせる。何となくだれていた雰囲気に，少し緊張感を与え，子どもたちを動かすことができるものである。

> ② 普段から盛り上がりを見せるゲームからスタートする。（脱線からスタートする場合もある）

> ③ 子どもたち全員に対して挑発をしたり，発表した子どもをほめたりする。

> ④ すぐに発表させることをやめ，まずノートに書かせる。

このような経験は，授業者の，事中における瞬時の技量を鍛えると同時に，授業者自身の授業設計能力そのものを高めることにもなる。

このようなことを経験することにより，教師は，それ以後の授業にあっては，子どもたちの反応がにぶくならないような手だてを最初から配慮して授業設計することができるようにもなるのである。

第7章／学力の深化をめざす「ゆさぶり教材」

「ゆさぶり教材」を必要とし，それが有効に働くのは，次のような場合である。

> (1) 理解が曖昧・不明確なまま，ないしは誤ったまま，すんなりと一つの考えに安定してしまった場合
> (2) これまでの見方だけに安定していた見方を打破し，新しい見方に気づかせたい場合
> (3) 一つの考えに絞りこもうとする時に，子どもたちの思考がうまく一つにまとまらない場合（出されたいくつかの考えに安定し，それ以上絞り込む必要感や観点を持てない場合）

1　曖昧なとらえを打破する

曖昧なとらえに陥っている時，類似の反例を意図的に提示し，同じ仲間かどうかを検討させることが有効である。

たとえば，筆算で位を揃えることの必要性のとらえが弱い時に，位を揃えて書いてない場合の例を提示する。また，「さんじゅうご」の記数法の学習で，つまずきの例として305や53と書く例もこれに当てはまる。

反例の提示は，特に図形の概念指導では，有効である。たとえば，三角形の概念を一応理解させた段階で，それと類似の，曲線部分や閉じてない部分のある三角の形を提示し，同じ仲間かどうかを検討させる。

ここでは，5年「三角形・四角形の面積」の導入と次時への投げかけにおけるゆさぶりの例について述べる。

第7章 学力の深化をめざす「ゆさぶり教材」 | 197

ねらいを,「平行四辺形の面積は長方形に帰着させれば求められるということをわからせる」におく。

まず,次の導入課題を一つずつフラッシュカードにして提示し,解かせる。

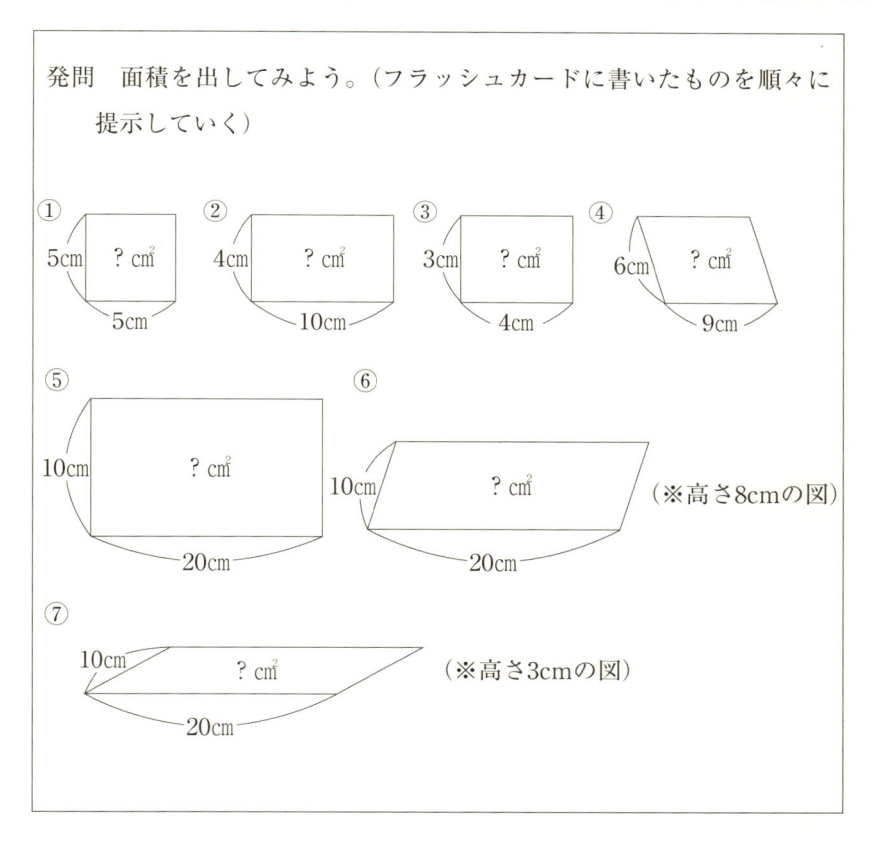

発問 面積を出してみよう。(フラッシュカードに書いたものを順々に提示していく)

① 5cm × 5cm の正方形 ? cm²

② 4cm × 10cm の長方形 ? cm²

③ 3cm × 4cm の長方形 ? cm²

④ 6cm × 9cm の平行四辺形 ? cm²

⑤ 10cm × 20cm の長方形 ? cm²

⑥ 10cm × 20cm の平行四辺形 ? cm² (※高さ8cmの図)

⑦ 10cm × 20cm の平行四辺形 ? cm² (※高さ3cmの図)

子どもたちはみんな,いとも簡単に「たて×横」方式で出してしまう。「?」印のところに順々に,子どもたちの発表した数値を記入していく。

子どもたちは,「たて×横」のやり方で安定してしまっているのである。平行四辺形についても,長方形と同じやり方で疑問を持つことなく出して,みんな得意満面そのものである。

ここで,「ゆさぶり教材」を提示する。といっても,既に提示のものから

とり出すのである。

> 発問　答えが同じになったものを取り出してみよう。番号を言って下さい。

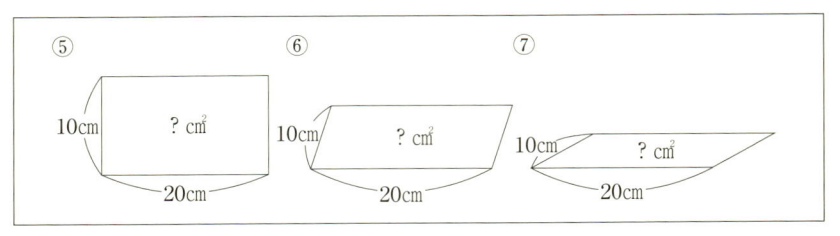

⑤ 10cm × 20cm 長方形 ?cm²
⑥ 10cm × 20cm 平行四辺形 ?cm²
⑦ 10cm × 20cm 平行四辺形(より傾いた) ?cm²

ここではじめて子どもたちは,「それらは面積が同じに見えない。長方形の公式では駄目である。」ことに気づく。さらに追い打ちをかける。

> 発問　同じ面積といっていいですか。

この発問の後,透明のTPシートにカラーシートを貼りつけた三色(透き通るもの)のシートを重ねる。(1枚のシートに3図形をかき込んだものは,本を開いた時のような立体的変化にしか見えないこともあるので不適切)

〔透明のTPシート〕
透明のTPシート
赤／緑／青

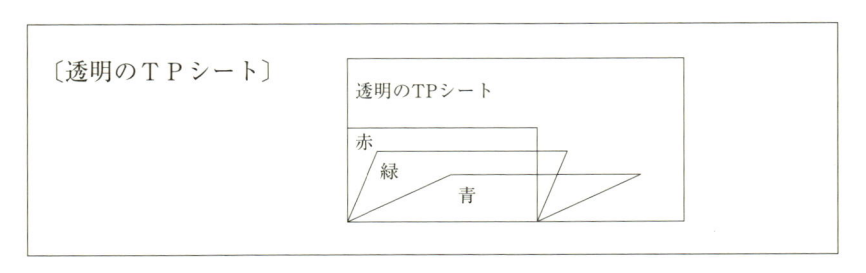

完全には納得していなかった子どもたちも,「長方形はいいが,平行四辺形は辺をかけただけでは駄目みたい。」と気づいてくる。

第7章 学力の深化をめざす「ゆさぶり教材」

> 指示　長方形・正方形の仲間と平行四辺形の仲間とに分けてみよう。

　7つの図形を移動して，長方形・正方形のグループ（左側）と平行四辺形のグループ（右側）を黒板上で分ける。

> 発問　左の出せるものと比べて，どこが違うのだろうか。

・たてが直角でない。「たて×横」では，平行四辺形は出せない。
・角度が違う。
・はばが違う。
・対角線が違う。

> 発問　では，似ているところはどこだろう。

・辺の長さや回りの長さが同じ。
・同じ四角形だ。
　この2つの発問により，平行四辺形の場合はどうも「斜辺部分」が問題であるということに気づき，そこを何とかすればという見通しもある程度見えてきたのである。本時の追究問題の設定となる。

> 発問　平行四辺形も面積が求められるのであろうか。
> 指示　⑥の場合で考えてみよう。（具体問）

ドット用紙上にかいたものを全員に配布。

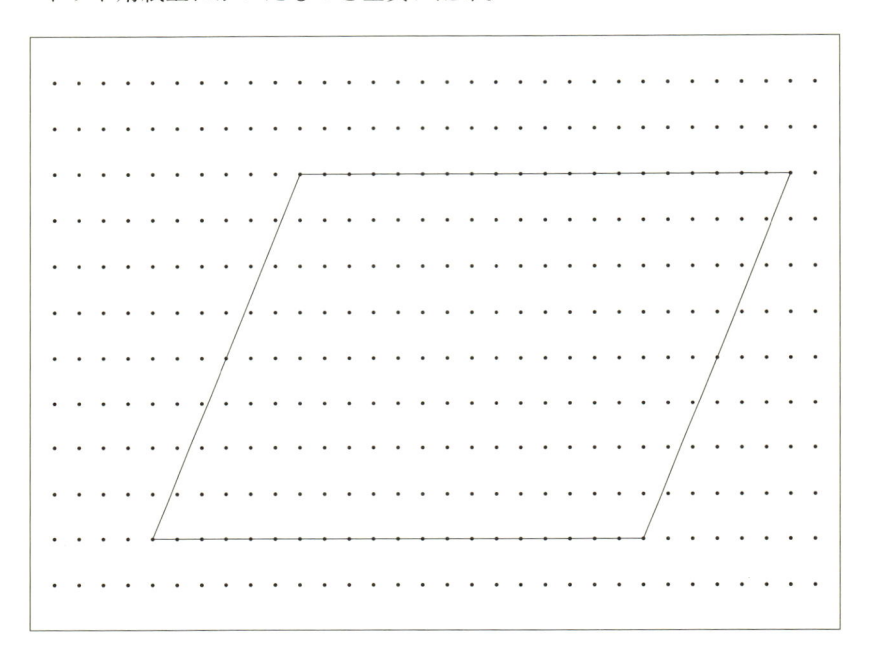

個人思考の後，3種類の考えが出される。

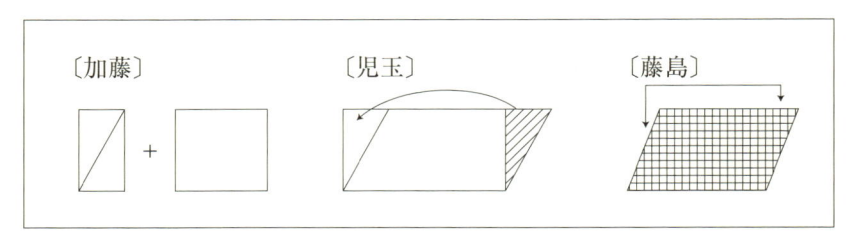

〔加藤〕　〔児玉〕　〔藤島〕

　加藤式は，三角形として両脇にはみ出したもの同士をくっつけて長方形にし，残りの長方形と足したものである。$\frac{1}{4}$がこの考えであった。

　児玉式は，一方の三角形を切り離して反対側にくっつけたもので，この考えが一番多かった。約半数の子どもの考えがこれであった。

　藤島式は，4年の時の面積の学習に戻って考えたものと思われる。方眼に直して，1㎠の単位正方形の数を数えたものである。$\frac{1}{9}$の子どもに見られた

考えである。
　出なかった方法についても紹介し，いろいろな方法で出せることを確認する。

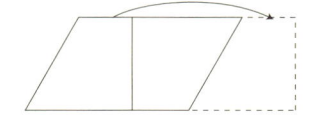

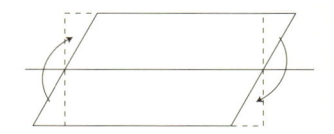

　そして，残りの④と⑦をプリントをもとにして，自分がやらなかった方法でやらせてみる。⑦の面積があまりに異なることには，特に驚いたようであった。

> 発問　これらの考えでみんなに共通している似ている考えはないだろうか。

・分けてくっつけている。
・長方形に直している。
　最後に，子どもたちは，次のようにまとめた。

＜発見第1号＞
　平行四辺形の面積も，分けて，長方形に直せば求められる。

　最後に，次時への追究を促すために，次の「ゆさぶり教材」を提示して，本時を終わる。

> 発問　では，こんな平行四辺形でも面積を求められるだろうか。

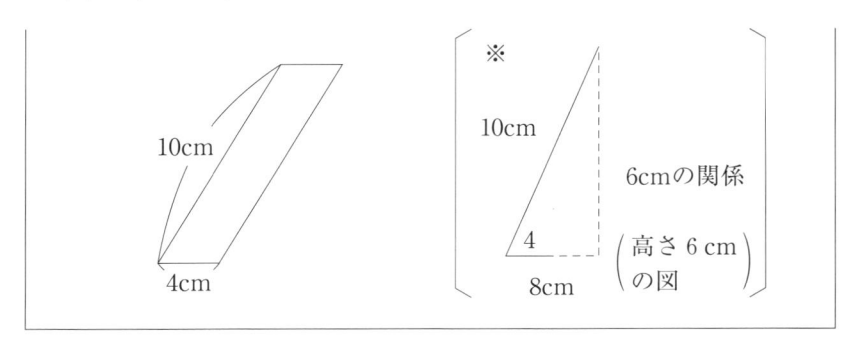

202 | 第Ⅱ部　自ら考えみんなで創り上げる算数学習の授業づくり

　この教材は，上底が下底の上からは大きくずれた特殊例である。反例とも違い，また一般の類例とも異なるので，異例とも言うべきものである。

　次時では，これを解くなかで，追究問題「平行四辺形も長方形のように公式としてまとめられるのであろうか。」の追究が可能となったのである。

　このような反例や特殊例（異例）の提示は，理解をより厳密にするために有効である。

2　新しい見方に気づかせる

　これまでの見方に安定しきっていた子どもの思考を打破し，新しい見方に気づかせる「ゆさぶり教材」について，6年「対称な図形」（2／15）を例に述べる。

　これまでの図形に対する見方そのものにゆさぶりをかけるものである。

　「新しく作られた仲間の観点を考える活動を通して，移動のアイディアに気づき，2つに折れば重なるという観点で図形の仲間分けができることが分かる」ことをねらう場面である。

　前時では，それまでの「図形の関係」及び「立体」の学習を受けて，既習の平面図形から10種（正三角形，長方形，正方形，円，直角三角形，おうぎ形，ひし形，二等辺三角形，台形，平行四辺形）を選び，その名前を確認する導入課題からスタートし，発問する。

第7章 学力の深化をめざす「ゆさぶり教材」

> 発問 どこに目をつけたら，立体の時のように仲間分けできるだろうか。

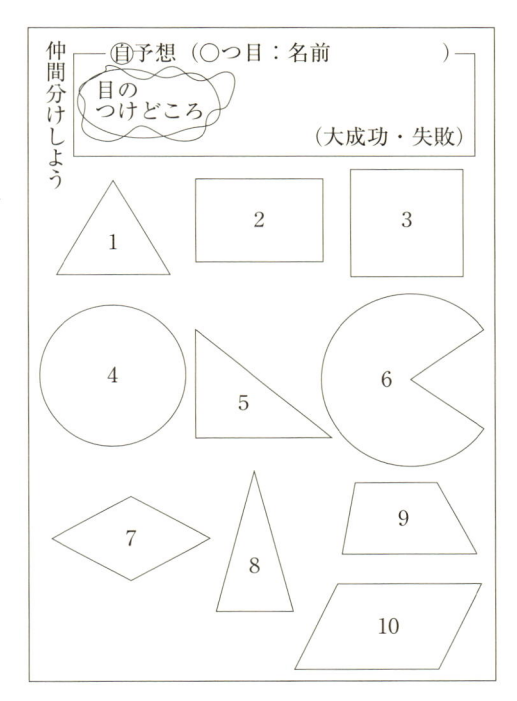

　大きくは5種類の分類の型で，合計10個の観点（Ⅰ①形，②角の数，③辺の数，④頂点の数，Ⅱ⑤曲線の有無，⑥直線の有無，Ⅲ⑦平行の有無・組数，⑧対角線の有無，Ⅳ⑨直角の有無，Ⅴ⑩辺の等長関係）の発表が行われ，個々についてみんなで確認し合った。

　最後に，みんなで「1つの形の特徴に目をつければ（頂点，辺，角，平行，直角など），立体と同じように仲間分けができる」という発見にまとめて終了した。

　以上のような展開により，構成要素に着目して分類する見方を高めることができた。

それを受けての2時間目である。

本時では，前時に分類した図（台紙に色板図形を分類したもの）を1つずつ見ながら，その観点を想起する導入課題からスタートした。このことにより，これまで学習してきた，観点に着目しての捉え方の素晴らしさを再確認したわけである。その仲間分けを受けて，そこから追究問題をいかに設定していくかが，本時でのポイントであった。

ここでは，それらの仲間分けを生かして，これまで別々の仲間として考えてきたその分類の，別々の集合のなかから，6つの図形（二等辺三角形，ひし形，正方形，円，長方形，扇形）を選び出し，発問する。

> 発問　これら別々の仲間に分けた図形も，同じ仲間として見たいんだけれども，そのように見られないだろうか。

これは，子どもたちの思考をゆさぶるための発問であった。次のワークシートを配付し，指示する。

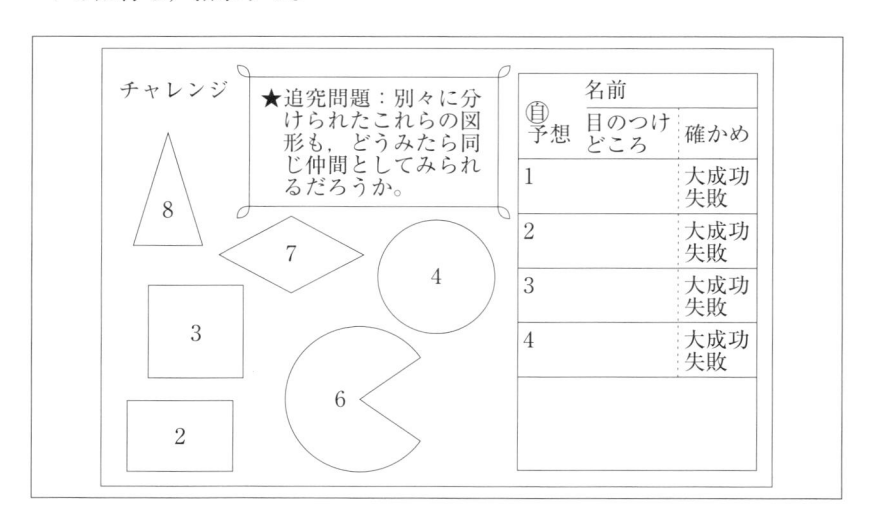

（※p.39を参照）

> 指示　これと同じ図形の紙を渡しますが，実際に考えてみることができるかな。
> 　　　この用紙で，自分で予想を先ず手短に書いてみて下さい。それで，実際に調べてみて，成功するか失敗するかのチェックもしていくようにしよう。

　要素に目を向けても共通性が見いだせない場合，動かしたり，切ったり，折ってみたり，線を入れてみたりという操作に目を向けさせることが重要である。

　実際に思考の経験をさせた3分後，「切ってもいいですか」の質問が出される。次の指示を全体に対して追加する。解決のためのヒントになるものである。

> 指示　ちょっとストップして下さい。今，切ってもいいですかという質問があったのですが，図形の学習の時よくやるように，切ったりすかしたりしてみてもいいです。

　特に苦戦をしている子どもに対しては，板書用の大きめの図形（黄色の色画用紙製で切り抜いてあるもの）を与えて考えるようにさせた。13分間の間に，8割の児童が，どうにか自分なりの考えを見いだすことができた。（一人1〜4個）

> ① 平面である（立体でない）。
> ② 線で囲まれている。
> ③ 角（中心角も含めて）がある。
> ④ 切れば，どれも三角形ができる。（三角形に似た形に修正）
> ⑤ 立体の底面や側面にある形

⑥　重なるように2回折ると直角ができる。（6, 8番がだめ）
⑦　2つに折ると同じ形
⑧　必ず同じ長さがある。（円は直径の線から分けた時の長さ・条件つき）

⑦の線対称の見方をした児童は，約40%であった。

発問　このなかで，今まで見てこなかった新しい見方だと思うのはどれですか。
C　　2つに折ると同じ形になるということだと思います。（拍手）
発問　では，「同じ形」というのは，どういうことかな。
C　　2つに折ると，半分のところからぴったり重なるという意味だと思います。
C　　合同になっている。
指示　本当にそうなってるかな。みんなのもので折って確かめてみよう。

この後，実際に折って確かめることにより，折り方（折り目の数）や，当てはまる他の図形（1番の正三角形，直角二等辺三角形，正六角形，正八角形），条件つきの図形としての平行四辺形にまで目を向けていった。

【発見第2号】
　2つに折ると合同になるという見方をすると同じ仲間になるものがある。

子どもは，ノートに次のようにまとめた。

　学習したいことややるべきこととして考えたことは，この前の角すいなどの立体の勉強のように，二つに折ると合同になるという見方に何か

> いい用語がつけられないか，また，折れ線のところを合同線とつけたらどうだろう。
> 　他に，こういう三角形とか四角形とか円だけでなく，正六角形とか正八角形とか正何々の多角形にも2号のような考えが使えるかどうかということです。

　このような展開により，新しい見方としての対称性に気づかせ，次時以降の単元の見通しを持たせることができた。

　教師側から，安定している子どもの思考を打ち破る否定的なデータの投げ込みをすることにより，子どもたちに数学的な思考を誘発させることができるのである。

3　よりよい考えにまとめる

　子どもたちの論理だけでは，一つの考えになかなか絞れないでいる場合について，1年「100までの数」を例に述べる。

　50までの数について，全体の数がいくつあるかを分かりやすく並べるには，具体物を10個ずつのかたまりと端数とに分けるとよいということを理解させる」ことをねらったものである。

　前時では，「つかみどり大会」で自分が取った牛乳のふたを数えてチャンピオンを決めるところからスタートした。この導入課題を受けて，次の追究問題を設定する。

> 発問　上手に数えられましたね。では，自分のふたの数が本当にその数だけあるのか，みんなが見てパッと分かるように並べられるでしょうか。
> 指示　いろいろと並べてみて，これでパッと見て分かるなという並べ方が決まったら，そのままの場所に，後ろの両面テープの紙をはがし

て画用紙に貼りつけなさい。

出てきた考えは以下の6通りであった。

① 5ずつ（加賀田）　② 10ずつ（野崎）　③ 2ずつ（白井）

（11人）　　　　　　（23人）　　　　　　（1人）

④ 数字の形（細川）　⑤ 4ずつ（小林）　⑥ 6と4ずつ（吉田）

（2人，内1人は29）　（1人）　　　　　　（1人）

そして，本時。④の考えが問題にされた後，残りの5つの考えについて，いちばん分かりやすい並べ方について考えさせる。

発問　では，全体の数が一目でいちばん分かりやすい並べ方はどれでしょう。

これを受けて，次の手だてをとる。
① 32枚を例に，やりやすいものを自分で3つ選んで，シールを動かして追試行させ，いちばんいいと考えるものを貼らせる。
② いちばん分かりにくいものを選ばせ，いちばん分かりやすい並べ方を問う。

第7章　学力の深化をめざす「ゆさぶり教材」　|　209

　ここまでの操作活動の変化を，1時間目の数えやすい数え方（★），前時2時間目の個々の考え方（◆）も含めて示すと，次のようになる。

型	1ずつ	2ずつ	5ずつ	10ずつ	4ずつ	その他
★	2人	11人	4人	16人	／	／
◆	／	1人	11人	23人	1人	3人
①	／	2人	5人	27人	1人	／
②	／	1人	0人	36人	／	／

②では，次のようなやりとりがなされた。

富士　5も10もそうなんだけど，みんな数えなければならない。数えないと数にはならない。2ずつなら，2，4，6，・・・と速く数えられる。

土田　数が大きければ大きいほど数えやすい。2は，数が小さい方だから，いちいち2，4，6，・・・と数えなければならない。

ここで，ゆさぶりをかける。次の2つの教材によってである。

発問2　では，これをパッと見て数えてみましょう。（2ずつ）

　①
　　　○○　○○　○○　○○
　　　○○　○○　○○　○○
　　　○○　○○　○○　○
　　　○○　○○　○○
　　　○○　○○　○○
　　　○○　○○　○○

富士　　分かりません。

山崎　　35。

佐藤　　32。

堀内　　33。

発問2　これは，いくつあるでしょう。（10ずつ）

②
```
○○○○○○○○○○
○○○○○○○○○○
○○○○○○○○○○
○○○○○○○○○○
○
```

全員　　41個。

「どちらが分かりやすいですか」の問いには，全員が10ずつの方を選択した。

まとめは，次のようになった。

【はっけんだい2ごう】
　パッと見て一ばん分かりやすいならべかたは，10ずつにならべるやりかたです。

このように，具体例で実際に自分で数える立場に子どもたちを立たせることによって，考えの有効性への気づきを容易にさせることができるのである。

第8章／逆転現象を仕組む授業づくり

1　大学生が1年生の問題に挑戦したら

　大学生に，授業をする。最初に，ウォーミング・アップと称して，次の問題を提示する。

> 　10円だまが金かになっている「こびと」のくにがありました。
> 　ある男が，おかしやにビックリマンチョコをかいにきました。
> 　3円のビックリマンチョコを1こかって，10円金かをだしました。おかしやには，おつりのこまかいおかねがありませんでした。そこで，おかしやのおねえさんは，となりのやおやにもっていって，1円ぎんか10まいにかえてもらいました。その中から，3円をもらって，のこりの7円をおつりとして，その男にわたしました。
> 　ところが，そのあとでたいへんなことになりました。やおやのおにいさんが，
> 「いまの金かは，『にせもの』だ。」
> といってきたのです。よく見ると，たしかに「ニセ金か」です。しかも，その男はもういなくなっていました。おかしやのおねえさんは，しかたがないので，じぶんのところのほんものの10円金かを，やおやのおにいさんにわたしました。
> 　さて，おかしやのおねえさんは，いったいなん円そんをしたでしょうか。

そして，「1年生がとりくんだ問題です。」とつけ加える。

これまで，5，6年生の最初に授業し，子どもたちが飛びついてきた教材（詳しくは，拙稿「はじめての授業・これで勝負！！ニセ札問題からのスタート――考える楽しさ・話し合う楽しさを求めて――」，『教室ツーウェイ』№1，明治図書，昭和61年4月，pp.13―15）を，1年生の能力に合うように数値と場面設定を大きく変えて，授業した問題である。

80名ほどの学生の目が，だんだんと真剣なものに変わっていく。簡単に解けると考えていたものが，そう簡単には解けないことが分かってくるからである。1年生がとりくんだ問題なら，自分に解けないはずはないという思い込みもくずれはじめる。

答えを，発表してもらう。

　　　　7円　　　10円　　　17円　　　13円　　　20円

1年生のときに予想した答えのすべてが出てくる。人数を確認する。特に目立って多い答えもなく，みんなばらばらであった。

1年生がした考え方について説明する。学生の目は，集中する。

どう考えたのか。

最初は，17円，10円，13円，12円，20円が出てきた。

17円と10円が大勢を占める。

5種類の答えの中で，これは違うというものを検討させ，最後に17円と10円が残る。「降参か。」で揺さぶる。激論となる。10円派の説得は，次の通りである。

・八百屋は10円出して，本物の10円を貰ったから，10－10＝0。ある男は，3円のチョコと本物の7円もらったので，3＋7＝10円ふえた。お菓子屋は，3円のチョコと八百屋にやった本物の10円で3＋10＝13円損した。でも，チョコが売れたので，損した13円から3円ひいて10円になった。だから，にせ金かは，考えないで，本物だけを計算しました。（操作しなが

第8章　逆転現象を仕組む授業づくり | 213

らの「ごっこ活動」が生きたのである。)
・お菓子屋さんがはらったお金は、八百屋さんへの10円だからです。
・にせの10円分だけ損をしたことがわかりました。
・お菓子屋さんは、八百屋さんに払った10円とビックリマンチョコの3円を損しました。でも、おつりに残った3円は、自分のものになりました。絵にしないとわからなかったけれど、絵をかいたらわかりました。
・お菓子屋さんになったつもりで、にせものの10円金かで、ビックリマンチョコを買った男に、お菓子屋さんが渡したチョコとおつりの7円のことを考えたら、それがお菓子屋さんの損になると思いました。

　2時間かけて、子どもたちは正解にいたったのである。

　この説明を聞き、学生は、自分たちの頭の硬さを認識する。感想のなかからいくつかをひろってみる。

・ウォーミング・アップの問題を間違え、13円と解いてしまった。もっと頭を柔らかくしないとダメだと思った。
・初めのウォーミング・アップの問題では、チョコレートの価値を無視し、お金の損得についてしか考えなかったので、7円としてしまった。一見簡単そうな問題でも、考え方の違いによって答えも違ってくることを知った。
・一番初めのウォーミング・アップの問題が間違っていたので、あせってしまった。柔軟な物の考え方をしなければならないと思った。
・チョコの問題は、なかなか難しかった。最初のチョコの値段を入れるのを忘れてしまった。
・大学生の自分たちが解いても様々な方法が出てくるのは、面白かった。
・ウォーミング・アップの問題でいきなり間違えてしまった。子どもたちの何通りもの説明で、ようやくその意味が分かりかけてきた。
・自分でも一番初めの「おかしやさんの10円金貨」でさえ難しいと思った。
・ウォーミング・アップの問題、あれだけの人が間違えるとは、意外だった。（答えが20や7など）

・私は，頭が化石のようにガチガチにかたくなっていて，小1の気持ちにはもどれないのに気がついた。

ここで，優児と遅れた子について考えてみる。

大学生の方がはるかに優秀であるはずである。しかし，このように，子どもたちの考え方の方が優れている場合もあるのである。この場合で考えると，普通に「優児」といわれる方は大学生であろう。大学生から見れば，小学校1年生は「遅れた子」ということになる。

大学の授業では，優児である大学生は，自分たちから見れば遅れた子に当たる小学校1年生の解いたものと同じ問題を考え，その，遅れた子どもたちの考え方を聞いて解法を理解したのである。

優秀だと思われている方（この場合，大学生）を固定的に「優児」と決めつけてみる見方は妥当であろうか。

実際，1年の授業においても，チョコの実際の値段にこだわり，手がつけられない優児をそれとは逆の立場の子どもが「これはいいんだ，小人の国なんだ。」と教えている場面も見られたのである。

2　逆転を仕かける手順

優児と遅れた子というのは，単なるレッテルに過ぎない。優児と遅れた子が固定化することによって，学習に活気がなくなり，集中のない学習に陥ってしまうのである。

優児と遅れた子というレッテルの意識を子どもたちが持ち，固定的に仲間を見ることには，弊害がある。

優児と思われている子どもに，特権意識を持たせることはよくない。そのような思い上がりは，他の人の発言に耳を傾けることを妨げる。回りの子どもたちも，その子どもの発言は正しいものと決めつけてしまい，それ以上に思考を進めようとはしなくなってしまうのである。優児の発表も，大抵の場合は，どこかから聞いてきた既成の知識を，深く考えることもなく，そのま

ま受け売り的にひけらかしているにすぎないのである。実際には，そこに創造的な思考はないのである。

　遅れた子と思われている子どもにとっても，自分がそうであると思い込ませることでいいことは，何もないのである。そのような意識のもとでは，固定的な考えからは全く自由な，自分なりの発想ができなくなってしまうからである。「自分には分からないもの，できないものである。だから，考えないで，優児の考えを聞いていればいいんだ。」このような意識からは，自分の頭で考えようという態度が育たないことになる。どの子どもにも，創造的な思考をする態度を身につけさせなければならないのである。

　したがって，学習においては，優児と遅れた子というような固定化されたレッテルがはられることのないように，授業を組織していくことは重要なことである。さまざまな子どもが活躍できるように，授業において，課題や問い返し，発表者のとり上げ等を工夫していくことが大切である。もしも学級に遅れていると思われている子どもがいるときには，特にその子どもの考えを大いに生かし，逆転を図っていくようにしなければならない。

　優児と遅れた子の逆転を仕かけるのに有効は方法は，優児の解法の不備に気づかせ，遅れた子の考えで逆転を図るやり方である。このような時，子どもは集中する。

　たとえば，優児は得意気に，次のように反応してくる。
・分母と分子をひっくり返してかければよい。(「÷分数」の計算)
・「(底辺)×(高さ)÷2」でできる。(三角形の求積)
・筆算(縦に積んだ式を書く)でやればできる。(2位数同士のたし算)

　すでにでき上がっている手続き(アルゴリズム)や公式，形式などを得意気に発表するのである。

　そのような場合，どのように扱ったらいいであろうか。

　一応は，受け入れる必要がある。どんな考えでも，子どもの考えについては，原則として，受け入れてやることが大事である。そうすることにより，

おかしいものについては，子どもの方から問題にしてくるのである。

したがって，そのような考えをまずは認め，褒めるのである。大袈裟に褒めると，子どもの何人かは，「おや，待てよ。」となる。その解法のおかしさや説明不足に気づいてくるのである。子どもからの気づきがない場合は，その解法に対して，「どうしてそうなるのがいいのですか。」とか，すべての解法が発表された後で全体の子どもに対して「これらすべては，この問題を解いているといっていいですね。」という念押し的な発問をする。

優児は，この発問により，自分の解法の不備に気づき，返答に窮する。

どういう訳でそうなるのかについて考えている場合が少ないのである。単なる公式や手順の丸暗記に過ぎないことが多いためである。

教師は，ソクラテスのアポリアに追い込む，無知の知を自覚させるの心境である。優児にだけまかせておいても駄目だという場を創り出すことができるのである。

そして，遅れた子と思われている子どもの発表を仕組む。

絵や図をかいて，とにかく自分なりに納得のいく仕方で解いているものをとり上げる。

分かりやすく，素晴らしい考えであることを強調する。その後，その子どもの考えとつなげて学習のまとめをする。

このようなことが繰り返されることにより，学級における優児と遅れた子というレッテルは，必要のないものとなる。結果として，活気のある学級ができ上がるのである。すべての子どもに，自分の頭で考えることの素晴らしさを体験させ，自信を得させることができるのである。

上に述べたポイントをまとめると，次のようになる。

---

① わけも分からないで，公式等をそのまま使って解いている解法を発表させる。（得意気に発表する）
② その解法の不備に気づかせる。

たとえば，
- 他の子どもたちに気づかせ，質問・反対等の発言を引き出す。
- どうしてそうなるのかと問いつめる。(返答に窮する)

③ 普段活躍しない子どもの考えを発表させ，その素晴らしさをみんなで共有する。(大袈裟に褒める)
④ 学習のまとめに生かす。(大いに認める)

3 「□□＋□の計算」(2年) の授業で

2年生で，「□□＋□の計算」にとりくんでいる時のことである。
「27＋3の計算の仕方」を考える場面である。
朝，子どもから旅行のおみやげに栗最中をもらう。分けて，みんなでいただいた後，その栗最中を使って問題を提示する。

> もなかが27こありました。
> きょう3こもらいました。
> ぜんぶでなんこになったでしょう。

ノートに書き写した後，一斉に読む。
「先生，式は？」の言葉で，式を考え，わけについても発表する。
「全部あわせるのだから，たし算になります。」
ここからが，重要な場面である。
27＋3の計算の新しさとその計算方法について考えさせる場面である。
発問を，次のようにつなぐ。
「これまでに習った計算と同じですか。」
「□□＋□の計算は，これまでに習ったのは，27＋□だったら，いくつまでならできるのですか。」
これまでの計算と□□＋□の形は同じものの，「27＋だったら，これまでだと27＋2までならできる」ことに気づかせた後，それとの違いを明確にさせる。

> どこが違うのですか。

この問いに，北見が答える。

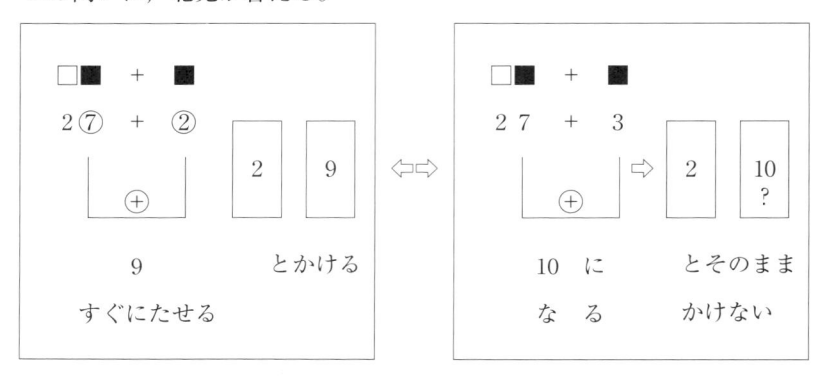

```
□■ ＋ ■                    □■ ＋ ■
2⑦ ＋ ②   [2][9]    ⇔    27 ＋ 3  ⇒  [2][10?]
   ⊕                          ⊕
   9      とかける            10 に    とそのまま
 すぐにたせる                  なる      かけない
```

一の位同士をたしても10になって，一の位にかけないところが違うことに気づく。そこを工夫すればよいことが明らかとなる。

続けて，2つの式の答えが1つしか違わないことから，29の次の30が答えであることを確認してから，次の発問をする。

> では，27＋3が30になる，途中の計算の仕方は，どう考えたらいいのだろうか。自分の考えを考え方ノート（九ツ切りの画用紙のこと）に書いてみよう。式や字で書いた人は，数え棒でもその考え方ができるか，確かめてみてください。また，分かりにくい人は，数え棒を出してやってもいいです。

27＋3を筆算でやっている優児にとっては，どうやってよいか分からないのである。もうすでに計算ができてしまうからである。大学生の例に似ている。頭が柔軟に働かないのである。

優児が筆算で書いてきた場合，その筆算をとりあげ，どうやって計算した

第8章 逆転現象を仕組む授業づくり | 219

のかと追及する。返答に窮する。

　本時では、次のような反応を示してきた。

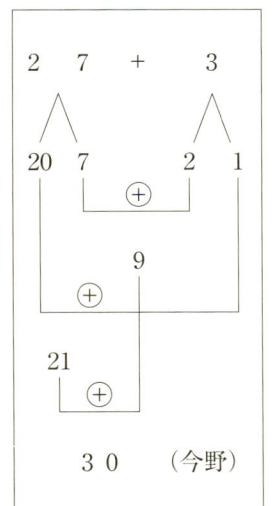

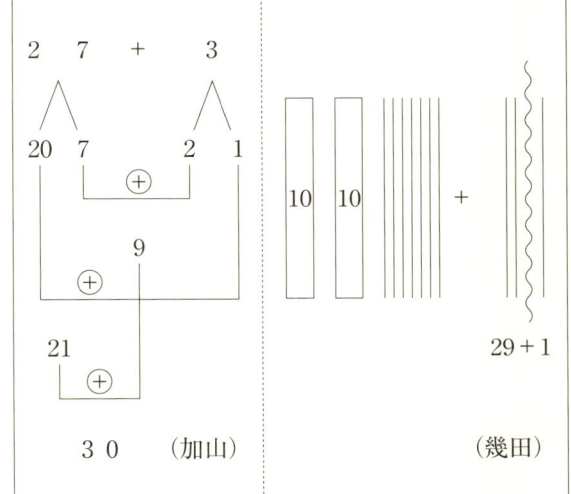

```
   2  7  +  3              2  7  +  3
   /\    /\                /\    /\
  20  7  2  1             20  7  2  1
        (+)                     (+)
         9                       9          10 10  +  ～～～
        (+)                     (+)
  21                      21                      29＋1
        (+)                     (+)
     3 0   (今野)          3 0   (加山)              （幾田）
```

　次の解法を発表させることにより、逆転現象を仕かける。
　普段は、ほとんど発言のない藤川の考えである。

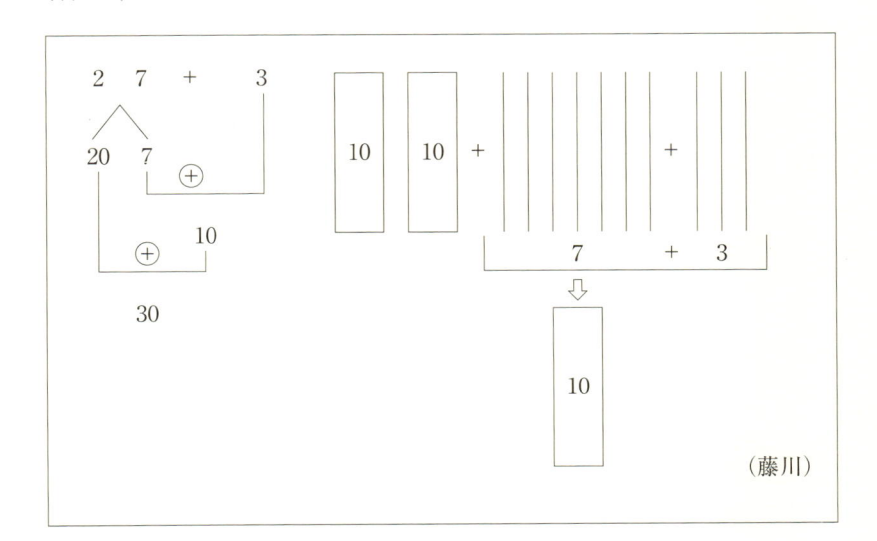

```
   2  7  +  3
   /\
  20  7 (+)                10 10  + ||||||||  +  ||||||||
     (+) 10                            7  +  3
     30                                  ⇩
                                         10

                                               （藤川）
```

貼られた画用紙で，言いたいことは一目瞭然であった。数え棒の図までついていた。少し援助しながら，前で発表させる。

子どもたちは，その発表に一様に頷き，拍手が起こる。

さらに，たたみかける。3つの考えが出たことを褒めた後，発問する。

> やり方で，これはおかしいなというものはありますか。

「今野くんの計算は，途中で21＋9になるので，今考えている計算と同じなので，今はつかえません。」
「加山式も，29＋1で，一の位が10になるたし算で，同じです。」

優児の考えを問題にすることにより，優児と遅れた子とが逆転する。

藤川式が，この発言によって，みんなに認められる。陥り易い，いい間違いとして，前の2つの考えを位置づけた後，藤川の考えを大袈裟に褒める。

その藤川式を「発見第1号」とし，さらに次の文をつけ加えて，ノートに記録することにした。本人の喜びようが表情からはっきりとうかがわれた。

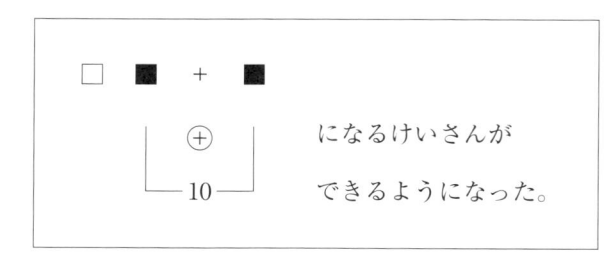

```
 □ ■ ＋ ■
   ⊕
   └─10─┘    になるけいさんが
            できるようになった。
```

その後，類似の問題で練習をし，終えた子どものものの丸つけをする。全部正解の子どもには，類似の式を作らせる。できるだけ沢山作る競争をさせることにより，どの子どもにも課題が与えられ，空白の時間がなくなる。懸命になって作る。隣同士で確認の後，チャンピオンを決めて，授業を終える。

第9章／「量」についての豊かな感覚をはぐくむ
―― 7つの視点から ――

1 授業ではぐくむ「量」についての感覚

　日常の生活にあっては，量の感覚なくしては生活できない。それがより豊かであり，確かであればあるほど，計器を使わなくてもそこにあるもののだいたいの量の大きさが分かったり，必要とする量のだいたいの大きさを取り出してきたりと，生活に役立つものとなる。また，計器を使うにしても，よりよい計器を選択することができたり，目盛りの読み誤り・記述ミスや計器の故障に気づいたりすることも可能となる。

　「量」に関して，小学校で扱う内容は，長さ，かさ（体積，容積），重さ，広さ，時間・時刻，角の大きさ〈以上，外延量〉と速さ，異種の2量の割合（単位量当たりの大きさ）〈以上，内包量〉として表される量である。

　それぞれの指導ないし単元にあっては，「量」に関する感覚として，計器なしでも少なくとも次のような判断ができるようにしたいものである。

長さ	・AとBとでは，○の方が長いだろう（他の要素，例えば色，材質，太さなどにとらわれず） ・これは，○cm（m）くらいだ ・○cm（m）はこれくらいだ ・1cm，1mm，10cmはこれくらいだ ・1mは，これくらいだ（横にして，縦にしてなど） ・10m（100m）は，これくらいだ ・そこまでの距離は，○m(km)くらいである（歩測，目測等も活用） ・ここまで○m（km）は歩いた。あと残り○m（km）くらいある ・この長さを測るには，○がよい（適切な単位や計器の選択） ・この長さなら，○のなかにだいたい入りきるな　など

時間 時刻	・1分間（30秒）は，だいたいこれくらいだ ・もう○分，○時間くらいは経っただろう ・さっき○時だったので，今の時刻はこれくらいだ ・残りあと○分くらいだ　など
かさ 体積	・AとBとでは，○の方が水は入るだろう（高さだけにとらわれず，底面積なども考慮に入れて判断） ・この量は，○ℓ（dℓ，mℓ）くらいだ ・○ℓ（dℓ，mℓ）はこれくらいだ ・水1ℓ（1000mℓ）は，これくらいだ（1kg：重さとの関連） ・直方体Aと直方体Bとでは，体積は○の方が大きい ・この立体には，1cm³の立方体がいくつくらい入る（体積はこれくらいだ） ・1m³の箱に，○はいくつくらい入る ・このかさを測るには，○がよい（適切な単位や計器の選択） ・この量なら，○のなかにだいたい入りきるな　など
重さ	・AとBとでは，○の方が重いだろう（色，形，大きさなどにとらわれず） ・これは，○g（kg）くらいだ ・○g（kg）はこれくらいだ ・100g（1kg）は，これくらいだ ・この重さを測るには，○がよい（適切な単位や計器の選択）　など
広さ 面積	・AとBとでは，○の方が広いだろう ・これは，○cm²（m²）くらいだ ・1m²はこれくらいの広さだ ・○cm²（m²）はこれくらいだ ・100cm²（100m²）は，これくらいだ ・この広さはだいたい○m²くらいだ ・この大きさは，縦○cm（m）・横○cm（m）くらいだから○cm²（m²）くらいだ（概算で）　など
角度	・何度くらいだ ・直角の○分の○くらいだから，○度くらいではないか ・AとBとでは，角の大きさは○の方が大きい　など

異種の二量の割合	・AとBとでは，○の方が空いているな ・AとBとでは，○の方が混んでいるな ・この速さは，これくらいだ（分速，時速など） ・AとBとでは，○の方が速いだろう ・そこまでは，（あと○kmあるので）このスピード・歩みだと，どれくらいの時間がかかるだろう　など

　全体を通して，次のような感覚もたいせつにしていきたいものである。
○ものの形や位置を変えたり分割したり一緒にしたりしても，その量全体の大きさは変わらないと感ずる感覚
○面積や速さなど，計算で求めて出した時に，単位や数値が大きく異なる場合，「おかしい」と思う感覚
○計器による計測ミス，記述ミスや故障により，数値が大きく異なる場合，「おかしい」と思う感覚

2　「量」についての豊かな感覚をはぐくむには

　実際の指導では，「量」についての豊かな感覚をはぐくむために，次のようなことを大事にしたいものである。

(1)　各自にできるだけ多くの実測を

　当然のことではあるが，まずは，いろいろと測る活動を通して，大体の量感を育むことである。あるものを実際に測る活動を通すことにより，いろいろの大きさについて実感的に把握するようになるのである。与えられたもの，存在するものを測るという意味で，測定活動は受動的であるが，これなくしては，始まらない。

　測定活動は，一人ひとりに確実に，しかもできるだけ数多く体験させたいものである。

(2)　予想を立ててから，実測する経験も

　実測にいくらかなれてきたら，次には，実測する前に，大体の大きさを予

想させることである。量感育成のための要ともいうべき活動である。予想の後、実際の測定値と比べさせることにより、自分なりの量感を軌道修正し、この繰り返しがより確かな量感を育てるのである。

　単なる試行錯誤ではなく、試行接近による量感づくりともいうべきものである。

　したがって、授業では、身の回りのものの「長さしらべ」や「重さしらべ」などの時間を設定し、例えば、次のような一覧表を用いて、実測の前に、予想の数値を書き込む欄に予想を立ててから実測できるようにしたいものである。

はかるもの	よそう	じっさいの長さ

　挙げたものについて、すべての予想を立ててから測るという方法も考えられるが、初めは、量感を少しずつ身につけさせるという観点から、一つひとつ、「予想→確かめ」という順序でいき、一つひとつ自分の量感を確かめながらいくことが望ましい。

　予想が当たるようになるということは、量感が身につきつつあるということである。

　しかし、その時点では、前に測ったものと比べて考えることが多く、相対的な感覚にならざるを得ない面がある。したがって、より確かな、「絶対量感」的な感覚（絶対音感からの類推）に近づけるためには、時をおいて、繰り返し経験させることも大切である。「絶対量感」的な感覚と言っても、実際には、概測による見当づけ程度のもので十分であると考える。

　「あてっこゲーム」として楽しく取り組ませる工夫も考えたいものである。

（3） ある大きさをつくらせる
―――単位量（やある量）さがし・づくり・当てゲームなど―――

　「量感がある」ということは，いつでも，必要とするだいたいの大きさを取り出すことができるということでもある。このような量感を育むためには，ただ単にあるものを測ったり，量の大きさを想像したりするだけではなく，いろいろな量を自分から「つくっていく活動」が重要である。これらの経験を通して，必要な時に必要な量をつくることに接近できるようになるのである。

　正確な量をつくり出すには，それにふさわしい計器が必要であるが，だいたいの量でいい場合には，概測と同様にそれで事足りるのである。また，故障や読み間違いから計器による測定が間違っている場合にも，この感覚がその間違いに気づかせてくれるのである。

　したがって，より積極的，能動的に自分から，ある大きさをつくる経験を多く体験させたいものである。この活動には，「○○さがし」，「○○集め」，「○○づくり」，「○○当てゲーム」などが考えられる。

　より具体的には，1mや1kgなどの単位量のものさがし（集め），単位量づくり（例えば，1kgの砂袋づくり），単位量当てゲーム（例えば，いくつかのもののなかから1kgのものを当てる）などである。単位量だけでなく，「ある特定の量」として指定して取り組ませる場合も考えられる。ゲーム化して愉しむこともできるものである。

　この繰り返しによっても，自分の量感が軌道修正をへて，より確かなものへと近づいていく。

　扱う量は単位量ばかりとは限らないが，この活動は，特に，単位量についての感覚を研ぎすますのに有効である。全体の大きさをつかむ時に，一番の基になるものは単位量の量感である。

　普遍単位としての1m，1kg，1ℓ，1㎡，1㎥，1分（60秒），1直角（90°）などの大きさをすぐに示すことができるようにしたいものである。

絶対量的なとらえだけでなく、身近なものの量の大きさとつないで、相対的なものとしても把握しておくようにしたいものである。例えば、1mの高さは、自分の体のどのあたりになるかが言えるようにしておくとよい。

　また、教室や廊下、踊り場などの床面などに、1㎡の大きさを表示しておき、何人の人が立てるかの体験などを通してその大きさを把握するようにさせたいものである。

　これらの活動を通すなかで、集めてきたものやつくったものなどにじっくりと触れさせ、それらの量についてより身近に体感させたいものである。

(4) 　測定の習慣化と測定用コーナーの設置を

　それぞれの量感は、その単元が終わったからといって身につくものではない。常に意識的に鍛えるようにしておくことがたいせつである。そのためにも、いつでも自由にはかりや巻尺などの計器が使える環境を整えておき、測る習慣をつけるようにしたいものである。

　教室にコーナーを設け、アナログ表示のものを主体に、各種計器を揃えておくようにしたい。

　はかりの場合、ひょう量（秤量、最大量）や感量（最小目盛り分の重さ）が違うものを何種類か用意しておきたいものである。

　計器の選択にあたって、適切なものを選んでくるということは、そこにすでに量感とそれに基づく見積もり（概測）が働いていることになる。「予想させながら測ること」に通ずる。徐々に、適切な計器を使って、一発で正確な測定値を求めることができるようになる。

(5) 　身近なものに結びつけて

　自分の身体にまつわる測定値や身近なものの大きさを把握しておくことにより、それとの比較により、ものの大きさを判断することが容易になる。

　例えば、自分の身長や両手を広げた時の長さ（尋・ひろ）、腕の長さ、歩幅の長さ、教室の天井までの高さ、はがきの縦・横の長さ、教室の縦・横の長さ、ペットボトルの重さ、体操着袋の重さ、部活用バッグの重さ、習い事

鞄の重さ，ダンベルの重さ，1時間に歩く道のりなどである。

1円玉の重さと直径の長さ（1g, 2cm）も覚えておくと便利である。

「マッチ箱並べ」なども有効である。同じマッチ箱を10個用意し，それぞれに1個から10個のナットを入れたものである。フィンランドの教室ではしばしば目にしてきた。

自分の知っている具体物の大きさを基に，それとつないで，測ろうとする大きさが「その○倍くらい」などと見当をつけるのである。

(6) 直観だけでは誤りやすい例の経験も

同じ重さの綿（または，発泡スチロール）と鉄の固まり（または，クリップやくぎ）を持たせた場合，鉄の方が重く感じられるものである。また，見た目のかさのイメージから，逆であると考える場合もある。重さの場合，重さがもののかさ（体積）や材質によって左右され，概測が難しく，目分量ではかる目測や直観的判断だけでは分かりにくいものであるためである。

したがって，これらの活動を通して，重さの場合，色や形，かさ，材質などには左右されないという認識を持たせるようにしたいものである。

また，比較する2つのものが離れていて，直接比較ができないものの場合，実際測ってみたり，面積など計算して求めてみたりすると，逆の結果になる場合もよくあることである。見た目だけでは判断できない例である。

同様に，錯視，錯覚の例についても取り上げたいものである。違って見えるものが，実は同じ長さだということに驚くものである。

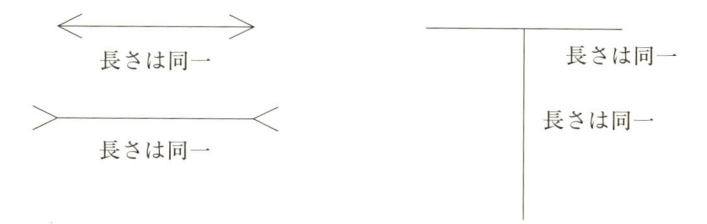

<----->
長さは同一

<----->
長さは同一

長さは同一

長さは同一

(7) 他の教科との関連，日常生活との関連を

量の感覚は，他の教科・時間や日常生活でも，すぐに役立つものである。

教科・時間では，特に理科や体育，家庭，社会，総合的な学習の時間などで，実際に量の大きさを測ったり，数値で提示された量の大きさを読み取ったりする活動が組み込まれている。

　したがって，これらの科目や日常の学校生活にあっても，量の感覚を育むという視点からの指導・配慮が望まれるところである。

第Ⅲ部

授業を
見る眼を鍛える
授業研究

I hear, and I forget.
I see, and I remember.
I do, and I understand.
　　　　　（Nuffield Mathematics Project）

第1章／仮説づくりとしての学習指導案
——授業づくりの視点——

1　学習指導案は何のために

　学習指導案は何のために書くか。
　1つは，自分自身のために書くのである。
　書くことによって，授業の具体的な計画を立てることができるからである。学習指導案を書くことが，授業の準備をすることになり，授業を組み立てることになる。また，学習指導案作成においてさまざまな可能性を考えながら決定していく過程があるからこそ，指導案では記入されることのなかった反応・進みゆきに対してもよりよく対処していくことも可能となるのである。
　2つは，他者から授業を検討してもらうために書く。
　何のために検討してもらうのか。意味は，2つある。
　1つは自分の授業技術を磨くためである。いわゆる研修のためである。授業設計全体について，自分の力量を検討してもらうためのものである。単元や教材のとらえ方，児童の実態のとらえ方なども含まれる。
　もう1つは，授業研究のためである。新しい授業を創るためのものである。前者の捉え方を含みながらも，これまでの問題点を整理し，それらを克服する道として新しい方式を提起するものである。
　一般的には，学習指導案づくりは同時にこれらの意味を含んでいる。
　そのめざす方向は，ともに次のところにある。

> ○　子どもたちにとって魅力的な授業を創ること
> ○　新しい学力観の一端を身につけさせること
> ○　教師としての腕を上げること

> ○　分かち伝えられる形で残すこと

　これらのことを可能にするためにも，学習指導案づくりは重要である。
　学習指導案とは，そもそも自分なりの仮説を創ることである。研修目的にせよ，研究目的にせよ，いずれにしてもそれぞれの目的に向けて，このような単元で，このような実態の場合には，このように授業するとうまくいくという仮説を自覚的に設定し，検証しようとするものである。
　授業仮説は，授業の焦点ともいうべきものであり，授業者の主張の中心部分でもある。
　したがって，意図した授業を実現するためにも，また，授業を具体的に検討・検証するためにも，授業仮説は具体的に記述されている必要がある。
　特に次の3点が重要である。

> ○　授業全体の枠構造
> ○　教師の働きかけ（支援を含む）
> ○　児童の意識・思考・反応

2　キーとなる枠構造の明確化を

まず，次の関係がはっきりと分かるようにしておくことである。

> ○　このような子どもに対して
> ○　このような働きかけ・支援を通して
> ○　このような学習を促し
> ○　このようなことが分かる・できるようになる

（※詳細は，p.24を参照）

この関係が端的に分かるようにしておく必要がある。しかしながら，現実には，「児童と単元」などという項目に長々とした記述があるものの，この構造が見えにくい指導案が依然として多い。

この因果関係がはっきりと分かるようにしておくことにより，授業の構造，授業の組み立てが明瞭となる。

このようなキー構造を明らかにしようとする努力が，授業を組み立てる腕を高めることになるのである。

3 教師の働きかけは具体的な言葉で

次に重要なことは，教師の働きかけ（支援活動を含む）である。

授業づくりにとって，教師の働きかけ・支援がキーポイントである。特に，教材，発問・指示は，決定的に重要である。

そのために，授業で使うもの（資料，言葉など）がそのままの形で書かれている必要がある。仮説として提案するためにも，働きかけや支援活動は具体的でなければならない。

具体的な発問・指示が明示されていれば，そのどこに欠陥があったのか，そのどこがよかったのかについても，具体的な反応に照らし合わせて検討することができるのである。

実際，発問・指示など，具体的な言葉かけの違いによって，反応は意図から大きくズレてくることもよくあることである。言葉1つで意味合いが大きく異なってくるからである。

例えば，問いかけの1つとして，「雪がとけたら何になる？」がある。もう1つの可能性として，「雪はとけたら何になる？」がある。違いは，「が」と「は」の一字だけである。しかし，子どもが受ける感じ方は微妙に違ってくる。したがって，子どもたちの反応にも違いが出てくる。前者の場合には，「春になる」でもいいのである。その是非は，何をねらっているかによって異なってくる。（※「がとは」の理論と命名）

しかしながら，実際の指導案では，この教師の働きかけ・支援の部分が不明確であることが多い。そのような指導案の作成者にあっては，授業成立のための仮説という意識が弱いと考えられる。背後に，授業は流れるもの，流していけば自然と成立するという甘い考えが潜んでいると言える。

実際の授業を通して，そのなかにおける仮説としての働きかけ・支援の実際をチェックし，構想した仮説の通りに進行していると言えるかどうかを授業の事実，子どもの事実から判断していくためにも，教師の働きかけは具体的に記述されている必要がある。

4　なぜこの働きかけなのか

特に，研究を意図した学習指導案では，従来の進め方，働きかけとどう違うのか，どこを工夫したのかということが分かるように記述されていることが望ましい。枠構造や展開の記述欄では難しいと思われるが，どこかで最低限触れておいてほしいところである。

例えば，次のような記述である。

---

① なぜそのような問題設定にしたのか。
② 問題における数値としてなぜその数を選んできたのか。
③ この導入の仕方でなぜ考える必要感，明確な問題意識を持たせることができるのか。（※問題解決的な数学的活動ができるのか）
④ 自力解決までの流れが，どういうことから一人ひとりにとって充実した自力解決の場を誘発することとなるのか。
⑤ 多様性の分類からすると，何を根拠にこのパターンに属すると捉えたのか。
など

---

①での問題は，教科書や先行実践研究における問題設定をとらず，あえて

第1章　仮説づくりとしての学習指導案―授業づくりの視点―　235

別の方向，ないしは逆の方向からの問題設定としたのはなぜかというものである。②では，問題のなかで使われる数値は多様に考えられるにもかかわらず，その場面にもってくる数値によっては，解法として考えてくる子どもの反応が大きく異なってくることがある。本時での数値選択の基準は何であったのかが分かることにより，授業の検討は容易になる。⑤は多様な解法についての有効性（卓越性）の検討にかかわるものである。

5　子どもの反応は分類の思考で

　教師の働きかけ・支援の適否を判断するために決定的な重要なことは，子どもの事実である。

　このことは，授業をかける前の学習指導案の作成の段階においても大事にされなければならない。この段階で，子どもの意識・思考・反応を十分予想しておくことは，よりよい指導案作成のために不可欠のことである。

　展開欄の記述にあたっては，子どもの意識・思考・反応についての分類的な記述が大事にされなければならない。そっくりそのままの言葉である必要はないが，どのような反応が種類として出てくるかの予想は必要である。つまずきをも含めて，いくつかのタイプを予想しておくのである。この時，役立つものに，先行実践や先行研究がある。それらの記録をも参考にしたいものである。予想を子どもの立場に立って立てておくことにより，さまざまな対処の仕方としての作戦も仮説として立てられることとなるのである。

　教師の働きかけ・支援活動と児童の反応の記述があることにより，授業後，実際の授業での子どもの事実を通して，主張（主眼を含む）及び主張における働きかけ・支援の適切性（妥当性，および有効性・卓越性）が検討されるのである。

　しかしながら，実際の学習指導案に多いのは，子どもの反応の記述では教師にとって都合のいいものしか書いてないということである。

　現実には，それとは別の反応がさまざまに出てくるのがつねである。

それらをできるだけ網羅して，対処の仕方を考えておく必要がある。

　重要な点は，子どもの立場に立って考えるということである。個人差，個性を生かす上からも大事な視点である。

　子どもの側に立って考えることにより，さまざまな反応を予想することが可能となり，そのことにより柔軟に対応していくことも可能となるのである。さまざまな反応に対しての対処の仕方や支援の仕方が仮説として明記されることとなる。

　子どもの立場から考えるということは，子どもの思考の流れにとって不自然なところを見抜くことにもなる。子どもの思考にとって不自然なところは，裏を返せば授業の組み立てにとって不自然なところ，無理のあるところを意味する。

　子どもの意識の流れからして断絶や飛躍がある場合は，不自然な感じを受けるものである。子どもの自然な理解の仕方から見ても，ギャップがあるというところである。

　授業を進める教師の方の思いが強すぎる時に陥りやすい点である。

6　多様性への配慮

　特に算数科では，追究問題に対して，子どもたちは，自分なりの論理・筋道で思考してくる。このことが実現するような指導，及び追究問題の把握のさせ方であるならば，その思考を通して，個々の子どもは自分なりの解法を見いだしてくる。それらの解法は，個々の子どもによって異なる。全体としていくつかの解法が出てくることが普通である。結果として，追究問題に対して多様な解法が出されてくることになる。

　しかし，実際の授業では，子どもから出される意見や質問（実際には，質問の形をとった意見であることが多い）が適切に処理されることが少なく，いつの間にかそれらに押し切られ，解けるという点では同等の価値のあるものがつぶされたり，教師の意図に合った，都合のいいものだけがとり上げら

第1章　仮説づくりとしての学習指導案―授業づくりの視点―

れ，他はとり上げられないまま（生かされないまま）となったりすることが往々にして見られるのも事実である。

　個を生かす観点から，個々の子どもが自分なりに考え出した多様な解法を積極的に生かしていこうとする構えは大切にされなければならない。早急に解法の優劣をつけてしまうことは慎まなければならない。

　多様な解法を十分に予想し，それらを生かしていく手立てを事前に仮説として用意しておくようにしたいものである。

第2章／算数授業の見方フォーカス術
──授業分析の視点 I──

1　授業仮説・授業者の主張は通るのか

　授業研究で明らかにすることは，授業仮説の検証である。
　授業にあたって，教師は授業仮説をもつ。
　学習指導案には，指導教師の自覚的な授業仮説が示され，授業研究ではその仮説が検証されるのである。
　したがって，まず第一にフォーカスされなければならないことは，

> フォーカス1　授業仮説・授業者の主張は通るのか

である。
　授業者の本時の主張として，最低限次のものが自覚的に述べられていなければならない。

> ・このような子どもに対して
> ・このような働きかけ・支援をすると
> ・このような学習が促され
> ・このようなことが分かる・できるようになる

　授業を指導する当事者は，それらが端的に読み取れるように記述すべきである。また，参観教師は，学習指導案からこれらの構造をすばやく読み取るようにしなければならない。
　他校の授業を参観する場合，学習指導案はその会場に行ってから渡される

第2章　算数授業の見方フォーカス術―授業分析の視点Ⅰ―　239

ことが普通である。したがって，目を通すことができるのは，授業直前ということになる。短時間という限られた時間の中であっても，最低限，以上のような主張，仮説の筋道についてザッと目を通しておくようにしたいものである。

しかしながら，しばしば，この教師の働きかけ・支援の部分が不明確であることが多い。そのような指導案の作成者にあっては，授業成立のための仮説という意識が弱いと考えられる。背後に，授業は流れるもの，流していけば自然と成立するという甘い考えが潜んでいると言える。

発表・練り合いの場面で，次のような構造図が示されることがある。

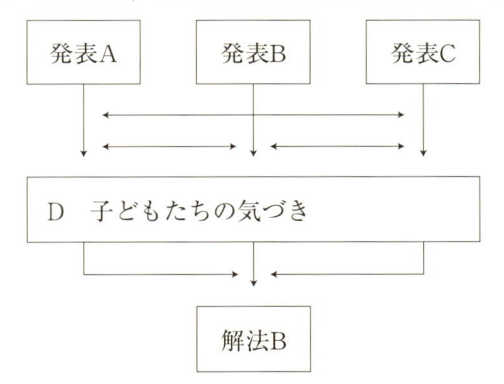

```
   発表A      発表B      発表C
     │  ←──→  │  ←──→  │
     ↓         ↓         ↓
   ┌─────────────────────────┐
   │  D  子どもたちの気づき    │
   └─────────────────────────┘
              ↓
           ┌──────┐
           │ 解法B │
           └──────┘
```

この図は，発表A，発表B，発表Cと発表させることにより，三者の間に自然に交流が起き，その交流の中で気づきDを得て，解法Bへと収束するという流れを示すものである。この構造図から，教師の手立てを見抜くことは難しい。教師の手立てを見抜こうとする参観者にあっては，次のようなことが疑問として浮かんでくるはずである。

○　発表の順番はどうするのか

○　一つずつ発表させ，検討させながらいくのか

○　発表Aと発表B，発表Aと発表C，発表Bと発表Cとを，それぞれどのようにかかわらせていこうと考えているのか

- 〇 教師はどこでどのように問題を整理し，検討を深めるのか
- 〇 教師としてどのような支援活動をしていくのか

このように，自力解決の後，子どもの挙手にまかせて指名していき，臨機に対応していけばどうにか流れていくというものでは，授業研究の意味はないに等しい。多様な考えの発表・検討の場面においてだけでも，

- 〇 検討視点・検討内容を自覚しての話し合い・練り合いのさせ方
- 〇 多様な考えにおける発表の順番
- 〇 途中途中における問題の整理の仕方
- 〇 子ども同士のかかわらせ方，教師のかかわり方

など，教師の出方によって授業の流れが大きく違ってくるのである。

このことを自覚した授業仮説の設定・提示が授業者に求められるところである。たとえ明確な提示がない場合でも，観察者はその構造を事前に見抜き，イメージして見ることが必要である。

実際の授業を通して，そのなかにおける仮説としての働きかけ・支援の実際をチェックし，構想した仮説の通りに進行していると言えるかどうかを授業の事実，子どもの事実から判断していくのである。授業の事実，子どもの事実は，検討のための証拠となるものである。

教師の働きかけ・支援のあり方としては，複数個の組み合わせであることが多い。その場合には，個々の働きかけ・支援の場面において，チェックしておかなければならない。

その時の観察視点は，次の３点である。

- ① 予定の働きかけ・支援と実際の働きかけ・支援との異同
- ② 子どもの事実・達成度

> （反応，発言，操作，活動，ノート記述，作品など）
> ③ 子どもの反応・発言内容とその内容についての，教師による返し方・板書内容等との異同

仮説における予定発問と授業での実際発問との異同についてのチェックは，①に含まれる。

①と③のチェックにより，授業後の検討会において，変更した事実・意図を確認することができる。その事実・意図と②の，授業での子どもの事実とをつきあわせることにより，

> 実際の働きかけ・支援の有効性の検討（予定の働きかけにおける反応との比較をも含む）

が可能となる。

予定の働きかけ自体における有効性の検討については，一般には事前の指導案の検討の段階でなされていることである。授業を見終わった段階では，子どもの事実から働きかけ・支援の適否を判断するわけであるので，問題となるのは実際に授業者が選択・実施してきた働きかけ・支援の有効性である。

これをもとにすることにより，参観者は次のような検討が可能となる。

> ア）実際に行った教師の働きかけ・支援は有効であったかどうか。
> イ）その根拠を子どもの事実で述べる。
> ウ）このことから，次のことが言える。〔成果の提示〕
>   （あるいは，）
>   そうならないためには，こうすればよかった。それはなぜか。〔対策，代案の提示〕

このためにも，授業記録は重要である。要所要所は確実にメモることが必要である。

以上のように，実際の授業において主張が通ったのかどうかを見ることにより，主張（主眼を含む）及び主張における働きかけ・支援の適切性（妥当性，および有効性・卓越性）が検討されるのである。

有効性・卓越性の検討とは，よりよい授業仮説（主張）の可能性を考えることである。

有効性・卓越性を検討するには，事前に，次のことをしておくことが有効である。

---

① いくつかの組み立て方を構想してみる。
② それまでの先行実践研究にも目を通し，①の構想をより精緻なものにしたり，その他の組み立て方の可能性を見いだしたりする。

---

2 問題点はどうクリアされているのか

仮説の検証ということをあまり意識しない授業も多い。その場合に有効なフォーカス術について述べる。授業の問題点をフォーカスする方法として，算数科授業に有効なフォーカス術である。

事前に指導箇所，あるいは指導単元名が分かっている場合には，観察前に，これまでの実践を思い出したり，先行の実践事例のいくつかに当たったりしておく。これらの活動を通して，その単元，その単位時間におけるおおよその問題点を把握することができる。自分なりの問題意識が生まれてくるのである。複数の事例を比べてみることにより，違いに目がいき，なぜ違うのかとか自分ならどちらの方をとるかについて考えが及ぶようになる。

授業の観察にあたっては，問題点として把握した箇所・事項がどのように扱われるのかについての問題意識をもって観察するのである。問題意識をも

第2章　算数授業の見方フォーカス術—授業分析の視点Ⅰ—

って観察することによって，さまざまなことが見えてくるものである。問題意識のない観察は，「見れども見えず」の観察に終わってしまうことが多いのである。

> フォーカス2　複数の先行実践事例の研究から自分なりに感じとった問題点がどのようにクリアされているのか

算数科特有の視点として，個々の場面で問題となってきそうなポイントは，次の通りである。

> ①　なぜそのような問題設定にしたのか
> ②　問題における数値としてなぜその数を選んできたのか
> ③　考える必要感，明確な問題意識を持たせることができたか
> ④　自力解決までの流れが，一人ひとりにとって充実した自力解決の場を誘発するものとなっているか
> ⑤　各自の思考活動を促し，自分なりの考えを持たせることができたか
> ⑥　解法の検討場面は，どのタイプに属するか，また，視点の一貫性が図られているか（視点に混乱はないか）
> ⑦　話し合い，検討内容が全員のものとなっているか
> など

①での問題は，教科書や先行実践研究における問題設定をとらず，敢えて別の方向，ないしは逆の方向からの問題設定としたのはなぜかというものである。

②では，問題のなかで使われる数値は多様に考えられるにもかかわらず，その場面にもってくる数値によっては，解法として考えてくる子どもの反応が大きく異なってくることがある。

煩雑さや混乱を避けるための選定であることが多い。数値選択の基準は，大体次のところにある。

○　大きな数だと煩雑になる。
○　式のなかに同じ数字が出ると，説明の時混乱する。
○　数の分解の仕方が多様に考えられ，特殊な例が出やすい。
　　（半分に分けやすい偶数など）

どのような観点で決定されてきたのかを確認し，そのことが実現されているかどうかを問題とすることができる。この検討により，理想的な数値や場面が明らかとなり，その後の自学級等での実践に活用することも可能となる。

⑥の解法の検討場面としては，大体次のタイプが考えられる。（詳細は第Ⅰ部第5・6章を参照）

○　妥当性の検討
○　有効性（卓越性）の検討
　・序列化可能な多様性（簡潔，明確，効率性など）
　・独立的な多様性（それぞれの差異とよさを検討する並列・関連的な取り扱い）
　・統合化可能な多様性（共通なアイディアへの着目による統合化の可能性）
　・構造化可能な多様性（相互関係への着目による構造的な位置づけの可能性）

本時での検討場面は，そのうちのどのタイプの検討にあたり，授業者はその視点を十分に意識し，それに沿う形で検討がなされているかどうかということを観察するのである。

先行実践事例にあたっておくことは，研究を積み上げのあるものとし，深めていくためにも大切にしたい視点である。

3　子どもの視点・目線から見て不自然なところがないか

　子どもの立場に立って考える。子どもになったつもりで授業を受けるということである。このことにより，子どもの思考の流れにとって不自然なところを見抜くことができる。子どもの思考にとって不自然なところとは，裏を返せば授業の組み立てにとって不自然なところ，無理のあるところを意味する。

　子どもの意識の流れからして断絶や飛躍がある場合は，不自然な感じを受けるものである。子どもの自然な理解の仕方から見ても，ギャップがあるというところである。

　先を急ぐあまり，教師が強引に引っ張っていこうとしたり，まとめへと向かおうとする場面で見られることが多いものである。

　したがって，

> フォーカス3　子どもの視点・目線から見て不自然なところがないか

ということもフォーカス術の一つとして加えておきたいところである。

　子どもと同じ視点・目線で，授業に参加している子どもになったつもりで見て，不自然なところをチェックしておくのである。

　このことにより，子どもの思考にとって少しでもより自然な進みゆきが実現されることとなる。授業の組み立てを見直し，ギャップ解消のための方策を考えるために大切にしたい視点である。

　ある程度は，指導案作成の段階で自分なりの思考実験（思考内模擬授業）により事前に解消することができるものであるが，授業は子どもの実際の反応を見ながら調整していくという面も大切にされなければならない面である。

授業者本人も絶えずこの視点に立って授業を組織していくことが大切である。

　この場面は、常日頃の学級づくりが現れる場面でもある。教師との関係がオープンであり、分からないことを分からないと言い合える雰囲気が醸成されている学級では、不連続的な進みゆきに対して子どもの方からアピールしてくるからである。

　以上、大きく3点についてフォーカス術を述べてきた。これらは、授業記録をとりながら同時並行でチェックしていくのである。この授業記録により、授業の事実、子どもの事実が明確となり、証拠に基づいた検討が可能となるのである。

第3章／指名・机間指導のどこを分析するか
――授業分析の視点 II――

1　指名のどこを分析するか

　授業者の指名は，具体的には主として子どもの発言となって現れる。

　したがって，指名の仕方を見るということは，子どもの発言のとり上げ方を見るということである。

　計画的なとり上げ方になっているかどうかを見るのである。計画的なとり上げ方については，考え方レヴェルで授業仮説として指導案に明記されていることが望ましい。

　研究授業とは，そもそもある授業仮説を検証するために行うものであるからである。

　考え方レヴェルで計画的な指名をするためには，全員の子どもの思考をノートや操作，作業などによって外に表出させ，机間指導（巡視）によりそれをみとる必要がある。（これを，以下，「作業・巡視型指名」と呼ぶ。）

　算数科の場合，追究問題をみんなで創り上げ個人思考に入るまでの段階と個人思考後の段階で，指名の仕方が異なる場合が多い。

　前者の場合には，どの子どももすぐに挙手できるような問いを中心にして，挙手している子どものなかから学級経営的な配慮も込めて指名することが多い。（この，問いに対する反応を挙手という形に求め，挙手している子どもを指名する仕方を，以下，「挙手型指名」と呼ぶ。）個々の予想などを聞いていく列指名なども多い。ここでは，どの子どもたちにも，今日の授業はやれそうだと思わせる指名になっているかどうかがポイントである。

　後者の場合では，作業（思考）・巡視型指名が有効である。

　たとえば，子どもの考えを予想し，次のように整理し，指名計画を立てる。

着想 過程・結果	望ましい 着　想	その他の 着　想
出来ている ※妥当性あり	Ⅰ （妥当＆有効）	Ⅲ
出来てない・ つまずきあり	Ⅱ	Ⅳ

・Ⅱ（①，②，・・・）やⅣ（①，②，・・・）に属するもので，つまずきが特殊で個別的なものや単純なケアレス・ミスによるものは，机間指導で個別に指導する。
・ⅡやⅣの考え（たとえば，Ⅲの②やⅣの⑤など）を先にとり上げ（場合によっては，同じ考えを成績の下位児童から上位児童の複数指名をする），その妥当性について検討させることにより，ⅠやⅢの考えへと創り上げたり，それらと一緒にまとめたりする。そのとき，ⅠやⅢの考えの子どもにも活躍させる。

　これは，本時成立のための，指名にかかわる授業仮説である。したがって，実際の授業では，
・指名がそうなっていたかどうか
・指名の観点から，授業が成立したと言えるかどうか
の2つの観点から次の表のような検討をすることとなる。

指名 成否	計画通り	計画修正・変更
授業の成立	仮説の実証	原因の究明
不　成　立	原因の究明 代案の検討	原因の究明 代案の検討

第3章　指名・机間指導のどこを分析するか―授業分析の視点Ⅱ―　249

　また，とかく，優秀な子どもや先走りをする子どもにおんぶし，流されてしまう授業がある。授業の組み立てがしっかりしていないからである。授業は，一人ひとりを生かすものでなければならない。特定の子どもに指名が偏った授業は，「みんなで創り上げる」，「みんなに理解させる」という意識に欠けたものである。
　したがって，指名が特定児童に偏らないということも重要である。
　これらのことを分析するために，「指名マップ」をつけるとよい。
　座席表を使い，「指名マップ」をつけるのである。時刻（ないしは，番号，矢印）と発言の要点を書き込んでいくのである。このことにより，授業を立体的に見つめ，分析することができる。
　まとめると，次のようになる。

・授業仮説と合致する指名の仕方であったか。
・その指名の仕方で授業が成立したと言えるか。
・指名に特定児童への偏りはなかったか。
・このことを分析するために，「指名マップ」をつける。

2　机間指導のどこを分析するか

　発問・指示により，個人思考・作業や実験，グループ毎の話し合いなどが始まる。このとき，教師は，机間指導をする。
　しかし，一見，机間指導に見えるものの，その機能を十分果たしているとは言いがたい場合もある。しばしば机間散歩といわれるものである。
　これは，はっきりとした目的もないままに，ただブラブラ歩き回っているだけというものである。
　では，机間指導とは何か。
　授業の成立という点で大切にしたい机間指導（巡視）の目的（観点）は，

次の3つである。

> ① 問題把握ができ，自分なりにとりくみ始めているか。
> ② とりかかれない子ども（グループ）はいないか。
> ③ 子どもは，それぞれどんな考えをしているか。

　①，②のチェックは，特に，机間指導の前半で，また，③のみとりは，特に，机間指導の後半に行うことが多いものである。
　机間指導の適否は，その後の教師の出方に対する子どもの反応によって判断できる。
　①，②の場合，教師の発問・指示が通っているかどうかを判断するために机間指導をするのである。
　特に，①では，全体へのフィード・バックが必要かどうかを見るのである。全体に発問・指示を噛み砕いて返した方がよいと判断した場合，再度教師の発問・指示という形が繰り返される。
　また，②では，個別に対する指導・助言という形で現れる。どう取り組んでよいかが分からない子ども，つまずきがあり，それ以上考えを進められない子ども，ケアレス・ミスをしている子どもなどがいた場合には，それらの子どもに対して，個別に指導・助言をしなければならない。しかし，それを見落とした場合には，何人かの子どもは，授業に参画できないままに終わってしまうことになる。したがって，次の発表の場面が，授業として成立しなくなるのである。
　③の場合，その適否は，それ以後の作業・巡視型指名となって現れる。すなわち，その後の授業の組み立て方により判断できるのである。
　教師のこのような動きをチェック・分析するに役立つのが，指名の時と同じように座席表である。（これを，以下，「机間指導マップ」と呼ぶ。）場面ごとに，マップを使い，教師の動いた軌跡，及び個別に与えた指導・助言を

第3章 指名・机間指導のどこを分析するか―授業分析の視点Ⅱ―

書き込んでいくのである。

座席表のコピーを2～3枚用意し，机間指導の場面1，机間指導の場面2，・・・のように記録していくのである。授業により回数は異なるものの，授業仮説に直接関係する場面は多くても一時間に2～3回程度である。

これにより，机間指導における教師の意図や癖，ないしは，授業の弱点が見えてくる。

気になる子どもや抽出児として授業のめやすにしている子どものところへは足しげく通うこととなる。また，その反対に，教師の方から無視されている子どもたちが見えてくる場合もある。

その後における授業の組み立て方，指名の仕方（順番），及び子どもの事実から，机間指導の経路・観点，及びそこでの指導・助言について，その適否を分析することができるのである。

・授業仮説と合致する机間指導の仕方であったか。
・その机間指導の仕方，及びその後の指名の仕方で授業が成立したと言えるか。
・机間指導の仕方，個別指導・助言に偏りはなかったか。
・このことを分析するために，「机間指導マップ」をつける。

---

3 授業の技量・分析の技量を高めるために

協議会では，授業記録（TとC，それぞれに通し番号をつけておく）と「指名マップ」，「机間指導マップ」を使い，次のように検討したいものである。

---

① この場面における指名（ないしは，机間指導）については，授業仮説Nとして，学習指導案でその意図をこう述べている。〔主張―記述されてないときは協議会で確認する〕

② この場面における実際の（一連の）指名T（ないしは，机間指導）は，①に照らして効果的であったと言えるか，否か。〔その主張は通ったと言えるか——観察者の判断をズバリと示す〕
③ そのように判断した（結論づけた）根拠は，以下の通りである。〔それはなぜか——子どもの（一連の）事実（動き，発言など）Cで具体的に証拠を示す〕
④ 再度，結論を確認する。
⑤ このことから，次のことが言える。〔成果〕（あるいは，）そうならないためには，こうすればよかった。それはなぜか。〔対策，代案〕

このような分析が，授業者及び分析者それぞれの授業の技量，分析の技量を高めることになるのである。

第4章／教科書比較の視点について考える

1　何のための教材か──教科書比較を通して明確に──

　普段の授業では，じっくりと教材研究をすることなく，教科書に沿って教科書のままに進めてしまうことが多い。

　算数科では，教科書に問題が書いてあり，それを順々に解いていくだけとなる。

　「どうしてこのような単元構成（順序）になっているのか。」

　「何のためにその教材（その問題）が扱われているのか，何のためにこの文章が使われているのか。」

　ややもすると，そこでの意味，教育内容を理解しないまま教えてしまうこととなる。

　教育内容や教材化の意味をてっとり早く理解する方法として，「教科書比較」が有効である。できれば，教育現場で使用されている教科書の全部に当たることが望ましい。

　扱おうとする単元の内容を，比較しながら概観するのである。何度か見ているうちに，「違い」に気づいてくる。その違いが，教師の思考を誘発するのである。「どうして，ここでは違う具体物や数値を問題にしているのか」，「何で，違う扱いになっているのか」，「なぜ，ここでは指導の順番が逆になっているのか」など。（第Ⅱ部第3章を参照）

　例えば，わり算の学習の場面では，「この段階では，『等分除』から入るのがいいのか，『包含除』から入るのがいいのか。」などについて考えるようになる。また，面積を求める学習の場面では，「平行四辺形の面積の求め方か

ら入った場合と，三角形の面積の方から入った場合とでは，どのような違いが出てくるのだろうか。」などについて，事前に考えておきたいものである。

「違う」ところが，分析の視点となり，教材の研究が始まるのである。「分析の視点」は，比較のなかから，自然に浮かび上がってくるのである。違いの出ているところが，その単元の争点でもあり，検討に値するところなのである。いくつかの視点が設定され，それぞれに比較・検討されていくこととなる。

分析してみた結果，それぞれがそうなっている訳を考え，それらをどのように自分のなかに取り入れていくのかを考えるようになる。そこから，自分なりの考えが固まり，自分なりの構想が出来上がってくるのである。

教科書だけでは物足りないと言う場合は，いくつかの先行研究，先行実践を参考にするとよい。さらに検討の実践を増やすことにより，より広い見地からの検討が可能になる。

場合によっては，教科書すべてにある内容に関しては，各社横並びの内容となってしまうことがある。一般的な通説や定石に偏り，より広い検討を不可能にする場合もあるので，他の実践記録から学ぶことも有効である。

2　教科書活用における留意点

教科書はどのような教師にも分かりやすく，しかも限られたスペースのなかで記述するという制約がある。そのため，教師の使い方に期待されている面も多い。

教科書をそのまま使う場合は，単元名や単元の小見出しが見える（演算決定のヒントになる，新しい数量関係や図形名を与えている），子どもにピンとこない資料の場合がある，同じページに答え（立式や解法）が載っている，文章題から導入しているものが多い，新しい学習内容の意義やこれまでの学習との違いの確認が弱い等の問題について配慮が必要である。詳細は，次の通りである。

① 単元名や単元の小見出しが見える。

ア 演算決定のヒントになる

「わり算」,「分数のかけ算」,「分数×整数」,「分数に整数をかける計算」などのタイトルは,演算決定（意味理解）のヒントになってしまう。

このタイトルにより,数の関係を見出すことなしに,演算決定ができてしまう。なぜその計算式になるのかなどがはっきりと言えることも学習のねらいとしてたいせつである。

計算に関する学習で重要なことは,次のことである。

○ 計算の意味について理解すること
○ 計算の仕方を考えること
○ 計算のきまりを見いだす
○ 計算に習熟し活用できるようにする

演算決定ができるということは,第一の,計算の意味が分かるということである。

イ 新しい数量関係や図形名をタイトルのなかに示している

タイトルとして,例えば「反比例」や「角柱,円柱」などがある。前者は,比例と違う関係だという推測がつき,ややもすると「どのような変わり方をしていくのか」について調べていこうとする意欲を減退させるものである。後者も,これまでに学習した直方体や立方体とどこが似ていて,どこが違うのかを明らかにしたり,いろいろな立体を考察したりした上で,「角柱」とか「円柱」と命名することにより,その新しさを強調したい。

上記ア,イを避けるために,単元名などを抜いたり,別の言葉に変えたり（「二つの数量の変わり方を調べよう」,「立体を調べよう」など）したものを

ワークシートとして作成して考えさせるようにしたいものである。

② 子どもにピンとこない資料の場合がある

　素材や資料を子どもに合ったものに変更することにより，より身近な教材で学習への興味・関心を高めていく場合もある。教科書には，ある地域のデータとは言いながらも，全国どこにでも通ずるような教材を載せてある場合がある。

　身近な教材は，特に「データの活用」のなかの「資料の整理と読み」に関する場合に有効に働く。統計的な資料を表やグラフに表す場合である。大きな数の学習や概数で表す学習で，地元の県や町，隣接県の人口などのデータを使うなどもよく見られるものである。

③ 同じページに，答え（立式や解法）が載っている

　問題と同じページに考え・解法があり，取りかかる前からそれが見えてしまう構成の場合がある。これでは，子どもに考えさせる意味がなくなってしまう。単に教え込んでしまう構成に近いものとなる。教科書によっては，あるいは，そのなかでも考えさせたいという重要な箇所の場合には，その考えや解法を次のページに載せて見えないように工夫しているものもある。このような配慮が望まれる。

④ 教科書の性格上，文章題から導入しているものが多い

　文章題から導入すると，特定の問題状況だけがクローズアップされ，その問題についての答えが出れば終わりと考えがちになる。文章題が解ければ，子どもの問題意識は消滅してしまうのである。教科書の作成者の意図・期待としては，一般的な計算の意味を理解し，計算方法を思考し，生み出し，習得してほしいと考えていることが多い。

　例えば，2位数×1位数の場合，具体的な文章題の答えが出ればよいので

はなく，2位数×1位数の計算の意味を理解し，計算方法を考えさせることをねらいとしている。

⑤ 新しい学習内容の意義，これまでの学習との違いの確認が弱い

　新しい単元の導入の部分をアプローチとして設定している場合もあるが，多くは，その部分をあまり見せずに，いきなり文章題などから入るものが多い。

　これまでの学習との違いを見させることにより，新しい学習内容についての意義・必要性について理解できるのである。このギャップやジャンプを感得・自覚させることにより，問題意識が醸成されてくる。

〔主な引用・参考文献〕

1　古藤怜・新潟算数教育研究会著『コミュニケーションで創る新しい算数学習』，東洋館，1998年
2　古藤怜・新潟算数教育研究会著『算数科多様な考えの生かし方まとめ方』，東洋館，1990年
3　古藤怜編著『多様な考えを生かした指導』，日本教育図書センター，1995年
4　古藤怜著『六十年の軌跡』，1985年
5　上越教育大学数学教室編『古藤怜教授退官記念・数学教育研究著作選集』，1991年
6　高階玲治編著『自己教育力を育てる小学校の学級経営』，明治図書，1991年
7　近藤恒夫著『ひとりを見なおす算数の授業』，明治図書，1976年
8　本宮テイ著『学ぶ力を育てる算数指導』，明治図書，1985年
9　片桐重男監修・古藤怜・本宮テイ編著『意欲を育てるノート指導のアイデア』1・2，明治図書，1995年
10　古藤怜編著『発問・助言を工夫した算数授業』，明治図書，1983年
11　片桐重男・古藤怜・平岡忠編著『算数科基礎・基本の体系的指導・小学2年』，明治図書，1984年
12　算数授業研究会編『算数科・授業のすすめ・問い続ける子どもたち・第2学年の授業』，東洋館，1988年
13　小林善一・銀林浩・田島一郎・松尾吉知・矢野健太郎・横地清監修『量概念の芽生えと発展Ⅱ』，日本文教社，1985年
14　片桐重男編著『子どものつまずき75の診断と治療』，明治図書，1985年
15　拙稿「学校教育における『対話』視点導入の意義——対話と教授の両極的全体の教育構造把握のために——」，『教育哲学研究』第43号，1981年
16　拙稿「授業研究における Philosophieren の推進を——教育哲学は授業研究において何をなしうるか——」，『教育哲学研究』第55号，1987年
17　拙稿「解法の誘発・検討を促す教材・発問——問題の生成過程及び解法の妥当性・有効性の検討場面を中心として——」，『日本数学教育学会誌』第71巻第2号，1989年
18　拙稿「子どもの育ちをいかに援助するか——学校教育における病理現象とその克服の道筋——」，『高崎経済大学論集』第40巻第4号，1998年

【著者紹介】

池野　正晴（いけの　まさはる）
新潟県生まれ
東北大学大学院教育学研究科博士課程前期課程修了
経歴：国公立学校教諭
　　　高崎経済大学経済学部教授
　　　高崎経済大学大学院経済学研究科教授
　　　高崎経済大学附属高等学校校長（兼務）
　　　群馬大学大学院教育学研究科兼任講師
　　　長岡技術科学大学兼任講師等
現在：和光大学現代人間学部教授
　　　高崎経済大学名誉教授
著書：『自ら考えみんなで創り上げる算数学習―新しい時代の授業づくりと授業研究―』東洋館出版社，2000年・2013年（改訂版）
　　　『新しい時代の授業づくり』，東洋館出版社，2009年
　　　『豊かな発想をはぐくむ新しい算数学習―DoMathの指導―』（共編著），東洋館出版社，2010年
　　　『算数科　深い学びを実現させる理論と実践』（共編著），東洋館出版社，2017年
　　　他，多数

自ら考えみんなで創り上げる算数学習
―新しい時代の授業づくりと授業研究―

2000（平成12）年8月4日　初　版第1刷発行
2013（平成25）年11月30日　第2版第1刷発行
2023（令和5）年3月31日　第3版第1刷発行

著　者＊池野　正晴
発行者＊錦織　圭之介
発行所＊株式会社 東洋館出版社

〒101-0054　東京都千代田区神田錦町2丁目9番地1号
　　　　　　コンフォール安田ビル2階
（代　表）電話 03-6778-4343　FAX 03-5281-8091
（営業部）電話 03-6778-7278　FAX 03-5281-8092
URL　https://www.toyokan.co.jp

印刷・製本＊藤原印刷株式会社

ISBN978-4-491-01662-7／Printed in Japan